Beate Hofmann (Hg.)

KinderBibelTage light

7 erfolgreiche Modelle

Impressum

buch & musik, ejw-service GmbH, Stuttgart

Gestaltung und Illustrationen: Uli Gutekunst, Nürtingen
Druck: Freiburger Graphische Betriebe

ISBN
3-932595-68-8 buch & musik
3-7797-0529-X Verlag Junge Gemeinde

Inhaltsverzeichnis

Kinderbibeltage light – 7 erfolgreiche Modelle

„Bei meinem Opa im Himmel soll es Rauchfleisch mit Zwiebeln geben!", so betet ein Siebenjähriger beim Abschluss des Kinder-Bibel-Tages. Nicht nur mir huscht ein Lächeln über das Gesicht und macht das Herz warm und weit.

So können Kinder beten!

Glaube und Leben sind keine verschiedenen Ebenen. Da ist Gott mitten im Leben und verleiht dem Alltag Flügel. Dieses unerschütterliche Zutrauen und vertrauensvolle Hoffen hinterfragt meinen eigenen Glauben. Mal wieder fühle ich mich an Jesu Worte erinnert: „Wenn ihr nicht werdet wie die Kinder …"

Sicher liegt ein tiefer Sinn menschlicher Gemeinschaft darin, voneinander zu lernen. Wir können Kinder nur zum Glauben einladen, wenn wir selbst bereit sind, uns ganz auf das Leben einzulassen.

Dieses Buch will eine Einladung sein, Glauben zu erleben und zwar mitten im Leben. Egal ob Rauchfleisch mit Zwiebeln im Himmel oder ein Gemeindehaus voller Kinder und Lebensfreude – bei Gott ist viel mehr drin als wir oft glauben. Deshalb wollen wir als Autorenteam Mut machen zu einer lebendigen und vor allem umsetzbaren Arbeit mit Kindern. Wir wünschen allen Leserinnen und Lesern Gottes guten Segen als Rückenwind und dann nichts wie los mit viel Spaß bei sieben einladenden KiBiTagen!

Gemeinden lassen die Flügel hängen

„Zu unserer Jungschar kommen gerade noch sechs Kinder. Kindergottesdienst? – Da läuft bei uns leider nichts mehr." Das waren noch Zeiten, als früher zwanzig Kinder und mehr das Gemeindehaus mit der Jungschar unsicher machten. Heute laufen zur selben Zeit drei Arbeitsgemeinschaften in der Grundschule, die Jugendfeuerwehr, Musikschule und Hiphop für Minis im Sportverein. Wer kommt da noch in die kirchlichen Kindergruppen?

So oder ähnlich sieht in vielen Orten die Realität kirchlicher Angebote für Kinder aus. Eine Vielfalt von nachmittäglichen Angeboten wirbt um die kleiner werdende Zielgruppe. Wo und wie kann sich christliche Gruppenarbeit einen Platz sichern? Viele Gemeinden suchen nach neuen Wegen und Konzepten für eine kontinuierliche Arbeit mit Kindern. Im Werkbuch für die Jungschararbeit 2004 des CVJM Gesamtverbandes werden verschiedenste Projekte von „Brunch for Kids" über Ten Sing und Sportprojekte bis hin zu Spielplatzaktionen vorgestellt. Gemeinsam ist allen Angeboten, dass sie nur eine Ergänzung zur Gruppenarbeit darstellen, eine spezielle, kleine Zielgruppe ansprechen oder besondere Bedürfnisse aufgreifen. Ganzheitlicher ist der Ansatz von „Äktschensamstagen" oder KiBi-Tagen bzw. Kinderbibelwochen (KiBiWo). Hier werden verschiedene Aspekte aufgegriffen und zu einem bunten Mosaik verbunden:

- Lieder und Musik
- Verkündigung/biblische Geschichte
- Spiel, Spaß, Action
- Gemeinschaft, Essen, Trinken
- altershomogene Kleingruppen
- Power in der Großgruppe

Es gibt dabei nur einen „Haken". Der Bedarf an Vorbereitung, Organisation und aktiv Mitarbeitenden ist enorm. Logisch, dass viele Gemeinden, bei denen wenig Kinderangebote laufen, davor zurückschrecken.

Aus diesem Grund möchten wir ein light-Konzept anbieten. Unsere Entwürfe haben den Anspruch einer leicht verdaulichen Kost:

- **wenig Aufwand bei der Vorbereitung**
- **leicht umsetzbar für die konkrete Situation vor Ort**
- **begrenzte Mitarbeiterzahl**
- **kurzer Zeitrahmen**
- **mit kleinen, aber auch größeren Kinderzahlen durchführbar**
- **bekömmlich und anregend für mehr**

Die fertigen Entwürfe können der Situation vor Ort entsprechend angepasst werden. Wer viele Kapazitäten hat, der sollte sie „aufpeppen" und ausweiten. Wem Zeit und Mitarbeiterpotenzial knapp ist, der kann die Vorschläge direkt übernehmen. Klar ist, diese Appetizer machen nicht alleine satt, aber sie sind wirkungsvoll und machen Lust auf mehr.

- ... mehr Phantasie für kontinuierliche Angebote
- ... mehr Lust zum Mitarbeiten
- ... mehr Interesse für die Arbeit der Kirchengemeinde
- ... mehr Neugier auf Glauben

Sie werden auf jeden Fall mehr Leben in den Gemeindealltag bringen. Es gibt also mehr als einen Grund, die Flügel nicht hängen zu lassen. Denn: „Die auf den Herrn harren, kriegen neue Kraft, dass sie auffahren mit Flügeln wie Adler." Jesaja 40, 31

Na dann – guten Flug!

Mut zu kleinen Schritten

„Der Start allein bringt noch nicht ans Ziel"
(Peter Hahne, Worte für heute, St.-Johannis, Lahr).
Du musst schon wissen, wohin du laufen willst. Was also sind Ziele eines knackigen KiBiTages?

- Glauben und Leben mit- und nicht nacheinander ins Spiel bringen
- biblische Geschichten mit vielen Sinnen neu erleben
- Kinder zwischen sechs und zwölf Jahren ansprechen
- ein Highlight als Ergänzung zu bestehenden Angeboten bieten oder Anknüpfungspunkt für neue Gruppen (Kinderkirche, Jungschar etc.) schaffen
- Chance des schulfreien Zeitraumes am Samstag nutzen
- dadurch gleichzeitig Eltern am Samstag entlasten
- nicht Kinder an Kirche gewöhnen, sondern Kirche stellt sich auf Bedürfnisse der Kinder ein
- engagierte Mitarbeitende gabenorientiert einsetzen
- Chance zur begrenzten Mitarbeit anbieten
- konkrete Plattform für Familien in der Gemeinde schaffen

Generell ist Projektarbeit sicher aufwändiger als eine Gruppenstunde, doch sie hat einen wesentlich höheren Öffentlichkeitscharakter. Ein Event wird eher wahrgenommen und lässt sich sehr konkret bewerben. Ein Projekt ist begrenzt auf einen Zeitraum von einigen Stunden und eine darauf bezogene Vorbereitungsphase. Wer sich erstmals an einen KiBiTag

heranwagen will, der sollte eine Aktion im Frühjahr und eine im Herbst planen. Wenn diese gut laufen, kommen die Kinder gerne wieder und sind eher bereit, auch wöchentliche Angebote wahrzunehmen. Projekte sind eine gemeinsame Sache und verbinden selbst unterschiedlichste Mitarbeiterteams. Sie gehen länger als eine normale Gruppenstunde und bieten dadurch eine andere Form der Beziehungsarbeit und der kreativen Weiterführung biblischer Geschichten.
Unsere Entwürfe sind bewusst niedrigschwellig konzipiert. Anders als bei einem Jungschartag oder großen Kinderbibelwochen geht es nicht um spektakuläre Aktionen, aufwändige Theaterstücke oder vorbereitungsintensive Geländespiele.
Unser Programm beim KiBiTag light sieht so aus:

1. **Start mit witzigem Plenum und Spaß in der Großgruppe**
2. **kurzes Bibeltheater/Handpuppen-Anspiel**
3. **Überleitung zur Gruppenphase**
4. **didaktische Hinweise für die Gruppenphase (Methodenvielfalt)**
5. **inhaltliche Fortführung durch kreatives oder aktives Angebot**
6. **Zeit der Begegnung, gemeinsamer Imbiss**
7. **gemeinsamer Abschluss in der Großgruppe**

Die nötige Grundausstattung

Raum

Man braucht einen größeren Raum für das Plenum sowie mindestens zwei weitere Räume für Altersgruppen. Dies bietet fast jedes Gemeindehaus. Eine kleine Bühne wäre perfekt. Dadurch kann man die Moderatoren oder Spielenden viel besser wahrnehmen. Dies führt meist von allein zu einer besseren Aufmerksamkeit der Kinder. Hilfreich ist es, die ersten „Zuschauerreihen" niedriger zu gestalten. Also Kinder in der ersten und zweiten Reihe auf Kissen auf den Boden setzen oder auf Kinderstühle und erst dahinter richtig bestuhlen. So entsteht eine Art Atrium, was die Atmosphäre sehr schön macht. Wer keine Lust und Zeit für großartige Bühnenbilder hat, dem empfehle ich eine Gestaltung mit farbigen Kunstsamttüchern (gibt es in vielen Farben im Stoffbedarf, knittert nicht, kann sehr schön drapiert werden auch für Bodengestaltung und ist immer wieder einsetzbar). Wenige Gegenstände reichen schon, um eine andere

Welt anzudeuten. Kinder lassen sich gerne auf Phantasiewelten ein. Diese müssen nicht bis ins letzte Detail ausgefeilt sein.

Mitarbeitende

Unter einer gabenorientierten Aufteilung der Aufgaben verstehen wir, dass die Mitarbeitenden ihre ganz persönlichen Stärken einbringen können. Dabei sollte man auch Ängste und Schwächen ernst nehmen. Jugendliche sind für Kinder die lustigen und unkomplizierten Begleiter. Der Schwung von Konfirmanden sollte nicht unterschätzt werden. Es wäre schade, wenn diese nur zu „Hilfsmitarbeitenden" degradiert werden. Andererseits halte ich nichts von Zwangseinsätzen im Rahmen des Konfirmandenunterrichtes. Dies ist für die Arbeit mit Kindern die denkbar schlechteste Voraussetzung und kostet ältere Mitarbeitende meist mehr Nerven als die Zielgruppe selbst. Also achten Sie bitte auf freiwillige, gerne auch begrenzte Mitarbeit. Ältere Mitarbeitende und natürlich Mütter, die ihre Kinder in der Zielgruppe haben sind besonders wichtig. Sie sind meist die Stütze im organisatorischen Bereich und achten auf die Details im Hintergrund. Außerdem haben sie Verantwortungsgefühl für das gesamte Projekt. Das kann besonders hilfreich sein wenn es um Auf- und Abbau, Ansprache weiterer Mitarbeitender, Verknüpfung zur Kirchengemeinde etc. geht.

Achten Sie auf Männer und Jungs im Team! Dies ist in der Arbeit mit Kindern ein nicht zu unterschätzender Faktor. In der Regel sind die Kinder von daheim, aus Kindergarten und Grundschule überwiegend an die Betreuung durch Frauen gewöhnt. Dies führt zu einer ungebremsten Beliebtheit von Jugendlichen und Männern und steigert die Attraktivität des Mitarbeiterteams ungeheuer.

Wo es nur wenig Bereitschaft zur Mitarbeit gibt, sollten die Aufgaben klar formuliert werden. Für konkrete Anfragen bekommt man schneller ein Ja. Es gibt Leute, die sich gerne um die Technik kümmern, Plakate gestalten oder zu Hause Kuchen backen. Andere warten nur darauf, angesprochen zu werden und kommen nie von allein. Sucht euch Verbündete unter den Hauptamtlichen. Welcher Pfarrer, Diakon oder Jugendreferent ist zu einer Mitarbeit bereit, ohne dass er gleich die ganze Sache organisieren muss?

Und dann ist es wie immer: Gemeinsam macht es mehr Spaß. Mitarbeitertreffen sollten auch gesellig sein und Gemeinschaft zulassen. Dann kann man davon ausgehen, wo zwei oder drei in Jesu Namen zusammen sind, dort will er ganz dabei sein.

Finanzen
Es gibt zwei Möglichkeiten. Entweder bezahlen die Kinder einen kleinen Betrag für den KiBiTag nach dem Motto, was etwas kostet ist auch etwas wert. Oder alles ist umsonst – wir sind ja alle Gäste an Gottes großem Tisch. Dann kann man die entstehenden Unkosten mit einer pfiffigen und lustigen Rede an die anwesenden Eltern durch einen Spendenaufruf decken. Auch das Opfer des darauf folgenden Gottesdienstes (vielleicht ein Familiengottesdienst?) kann die Unkosten decken. Frühzeitig beantragt, kommt oft die Kirchengemeinde für das Geld auf. Schließlich ist das eine direkte Stärkung der Arbeit mit Kindern der Gemeinde. Meistens ist ein KiBiTag kein Verlustgeschäft! Ich habe oft erlebt, dass Eltern sehr froh über das Angebot sind und dies durch eine freundliche Großzügigkeit deutlich machen. Auch Geschäfte im Ort sponsern so ein Angebot gerne mit Sachspenden wie Kuchen, Obst oder Getränken.

Technik
Was braucht man unbedingt? Das ist immer Ansichtssache. Ich gehe davon aus, dass ein bis zwei Mikrophone sinnvoll sind. Wer nicht verstanden wird, kann sich seine Rede auch gleich sparen. Die Mikros sollten eine Standvorrichtung haben, aber auch ohne diese benutzbar sein. So kann man die Kinder direkt befragen. Klasse sind natürlich Funkmikrophone. Sie ersparen den Kabelsalat. Außerdem sollte ein Tageslichtprojektor bzw. ein PC mit Beamer vorhanden sein, um Lieder oder Bilder auf eine Wand/Leinwand zu projizieren. Für die Liedbegleitung sind E-Piano, Gitarre oder Schlagzeug super. Eine Band ist nicht gleich nötig, aber motivierte Leute, die sich trauen vor Kindern zu singen. Das geht mit einem Melodie-Instrument eindeutig besser und sollte flott klingen.

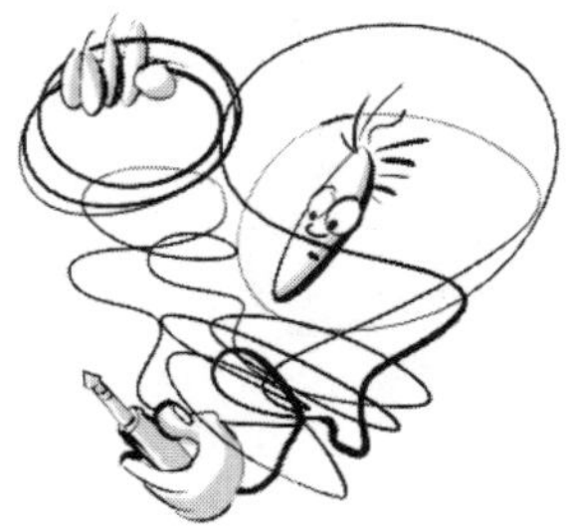

Kirchengemeinde
Ein KiBiTag ist eine Möglichkeit, sich als familienfreundliche Gemeinde zu präsentieren. Eine gut aufgemachte Info-Wand kann Eltern Lust machen, auch für sich ein Angebot der Gemeinde zu testen oder die wöchentlichen Gruppenangebote für Kinder wahrzunehmen. Gerade für Neuzugezogene sind Hauskreise mit ihrem persönlichen Umfeld und Glaubensbezügen ganz wichtig. Aufgabe der Kirchengemeinde (Mitarbeitende konkret anfragen) kann es sein, entsprechende Handzettel oder Infotafeln zu gestalten. Gleichzeitig können die „Werbeschienen“ der Gemeinde über Zeitungsrubriken, Schaukästen oder Gemeindeblätter für die KiBiTag-Werbung herangezogen werden.

Arbeit mit Kindern ist Basisarbeit der Kirchengemeinde und verdient entsprechende Wertschätzung. Dies drückt sich in Finanzen, Zugang zu Räumlichkeiten und Nutzung von Technik oder Material aus. Besonders wichtig ist die Wertschätzung der Mitarbeitenden durch Vertreter der Kirchengemeinde. Dies sollte sich kein Pfarrer oder Kirchengemeinderat aus der Hand nehmen lassen. Zufriedene Mitarbeitende sind wie zufriedene Kunden. Sie bringen sich voll ein und kommen gerne wieder. Davon leben wir als Gemeinde!

Feuer der Begeisterung entfachen

„Erziehung heißt nicht, einen Eimer zu füllen, sondern ein Feuer zu entfachen!" Wer mit Kindern zu tun hat, ist immer auch zugleich ein Vorbild, ein In-Beziehung-Tretender, letztlich ein Erziehender und Begleitender.
Es soll hier keine umfassende Methodenlehre oder langatmige pädagogische Tipps geben. Fünf Basics (angelehnt an die Grundwerte der Arbeit von Promiseland) reichen aus, um das Wesentliche zu sagen.

1. Kindgerecht
Lernt, die Dinge durch die Augen der Kinder zu sehen. (Das beginnt bei der Raumgestaltung und endet bei der Wortwahl unserer Gebete.)

2. Kreativ
Das Evangelium ist die aufregendste Botschaft aller Zeiten. Deshalb darf sie nicht langweilig, sondern muss abwechslungsreich und kreativ vermittelt werden.

3. Umsetzbarkeit
Biblisches Wissen ist nutzlos, wenn es nicht in den Alltag übertragen werden kann und dort seine Auswirkungen hat.

4. Beziehungsorientiert
Jedes einzelne Kind (und auch jeder Mitarbeitende) ist wichtig und sollte in eine Beziehung eingebunden werden.

5. Spaß
Gottesdienst, Kindernachmittage, Jungscharangebote sollen Spaß und Lust auf mehr machen.

Noch ein kurzes Wort zur Disziplin in den Gruppen. Es nutzt nichts, zu glauben, in der Kirche ist alles so fromm, so lieb und völlig anders. Kinder sind immer authentisch. Das ist das Schöne an ihnen. Gleichzeitig heißt dies auch, sie bringen eine ganze Ladung Probleme, Fragen, Neugier und Lebenslust mit in unsere Veranstaltung. Dies kann besonders bei größeren Gruppen zu Unruhe führen und die Mitarbeitenden hilflos machen.
Es gibt den netten Ausspruch: „Wenn du kein Programm für die Kinder hast, so haben sie eines für dich!" (Schluss mit Langeweile, Gudrun und Norbert Gandert, 2002, Gerth Medien)

Daraus folgt:

- Eine gute Vorbereitung mit ansprechender Moderation ist das A und O.
- Anspiel, Plakate, Gestaltung können die Konzentration auf den Altarraum/Bühne fokussieren.
- Bei besonders unruhigen Kindern sollte eine Mitarbeiterin in der Nähe sitzen und durch ihre Anwesenheit beruhigen. Im Einzelfall kann auch ein Gespräch draußen mit dem Kind allein sinnvoll sein.
- Jedes Kind braucht seinen Platz und Raum (Stühle, Bänke, Kissen).
- Spielregeln ausmachen, die für die Gruppe gelten (z. B. Technik ist tabu, Handpuppen werden nie angefasst während des Spiels usw.).
- Für Spannung, Abwechslung und Bewegung sorgen (Bewegungslieder, laut, leise ...)!
- Wir freuen uns über jedes Kind, das heißt aber nicht, dass jeder alles darf! Frühzeitiges und sehr konkretes Einschreiten bei Störungen hat sich bewährt.
- Wir haben auch die Pflicht, stillen oder ruhigen Kindern einen „Schutzraum" zu schaffen. Das heißt eine Atmosphäre zu entwickeln, in der man sich wohlfühlen kann.
- Kinder sind nicht immer perfekte Zuhörer, auf jeden Fall aber perfekte Nachahmer! (Anfrage, welche Rolle spielen wir als Mitarbeitende?)

Liturgiebausteine für den KiBiTag

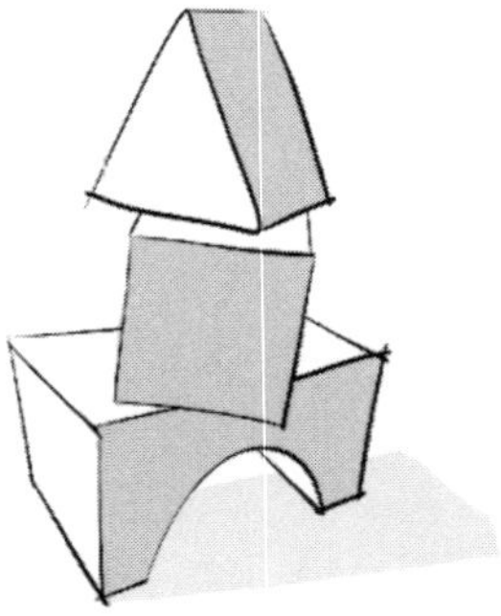

Der KiBiTag ist kein Gottesdienst, sondern eine ganzheitliche Form der Arbeit mit Kindern. Die vielfältigen Inhalte des Angebotes kann man trotzdem in eine Art Rahmen bringen, der liturgische Elemente enthält. Dafür muss sich jedes Team seinen eigenen Stil überlegen. Aus diesem Grund möchten wir nur einzelne Bausteine empfehlen oder vorstellen, die zusammengestellt werden können.

1. Begrüßungsformel und Lieder

Vorschlag 1

Herzlich willkommen zu unserem KiBiTag! Super, dass ihr euch heute auf die Socken gemacht habt. Da, wo zwei oder drei in Gottes Namen versammelt sind, dort will er mitten unter ihnen sein. Das ist spitze! Einfach spitze, dass du da bist!

Lied Einfach spitze, dass du da bist, *Du bist Herr für Kids 1, Nr. 33*

Vorschlag 2

Toll, dass ihr da seid! Guten Tag! Ihr seid willkommen – setzt euch hin, wir fangen gleich an. Das gibt es auch als Lied und damit steigen wir ein:

Lied Guten Tag, ihr seid willkommen! *Kindergesangbuch, Nr. 177*

Wenn ihr hier seid, wird es gleich ein wenig heller bei uns im Gemeindehaus. Hell machen will es auch Jesus bei uns hier und in der Welt. Deshalb zünden wir als Zeichen dafür eine Kerze an:
(Mitarbeiterin zündet die Kerze an und trägt sie zum Altar oder Tisch und spricht die nachfolgenden Worte.)

Jesus sagt:
Ich bin das Licht der Welt!
Wo Menschen in meinem Namen zusammenkommen, da ist Licht.
Es breitet sich aus.
Es wärmt uns.
Da ist Gottes Liebe mitten unter uns.

2. Einläuten des KiBiTages

Sonntags läuten die Glocken, beim Fußball gibt es den Anpfiff und bei uns hier soll es jetzt richtig losgehen mit 10, 9, 8, … 3, 2, 1, START!
(Handglocke läuten oder mit Füßen stampfen o. Ä.)
Und damit geht es richtig los!

3. Begrüßungslied

Lied, das als Begrüßungslied dient oder direkt schon auf das Thema des Tages hinführt. Geeignet ist z. B. folgendes Lied:
Hey, Hallo, Tagchen

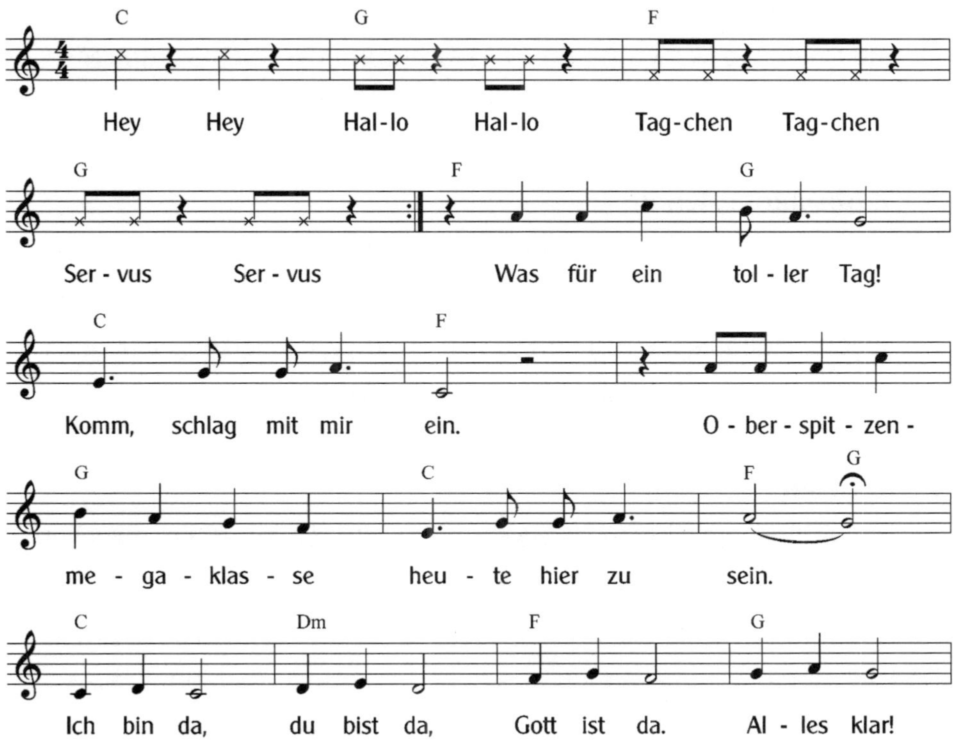

Refrain

2. *Ein ganz herzliches Willkommen! Heute ist was los.*
   Hier gibt's jetzt jede Menge Spaß für klein und groß.
   Ich bin da, du bist da, Gott ist da. Alles klar!

Refrain

aus: „Komm mit! Schlag ein!" als CD und Liederheft
bei: KIRCHE UNTERWEGS, Friedhofstraße 52, 71522 Backnang,
Tel. 07191-61983, Fax 07191-71437, E-mail: bestellung@kircheunterwegs.de

4. Thema vorstellen

Dazu gibt es verschiedene Wege, die in den einzelnen Entwürfen vorgestellt werden (Anspiel mit Handpuppe, Dialog zwischen Personen, Quiz, Theaterszene).

5. Moderation

Die Kinder brauchen eine Überleitungsmoderation, die ihnen ermöglicht, Abstand zu dem Theater zu finden und die eine Brücke darstellt zu den einzelnen Altersgruppen.

6. Gruppenphase

Altersgemäße Vertiefung und Weiterführung des Themas (durch Erzählung, Kreisgespräch, kreative Ausdrucksformen).

7. Abschlussplenum

Die Gruppen werden willkommen geheißen, Aktionen der einzelnen Gruppen können aufgegriffen werden. So erfahren die unterschiedlichen Angebote die Aufmerksamkeit und Wertschätzung der Großgruppe sowie der eventuell anwesenden Eltern.

8. Gebet

Da wir unseren KiBiTag bewusst unter Gottes Segen stellen und von seiner Nähe ausgehen, lohnt es sich, im Gebet die Kinder einzubeziehen. Dies kann durch ein gemeinsames Gebet von 2-3 Kindern und einem Mitarbeitenden geschehen. Für das Gebet lohnt es sich, Kärtchen vorzubereiten, die die Kinder gut lesen können.

Vorschläge dazu:

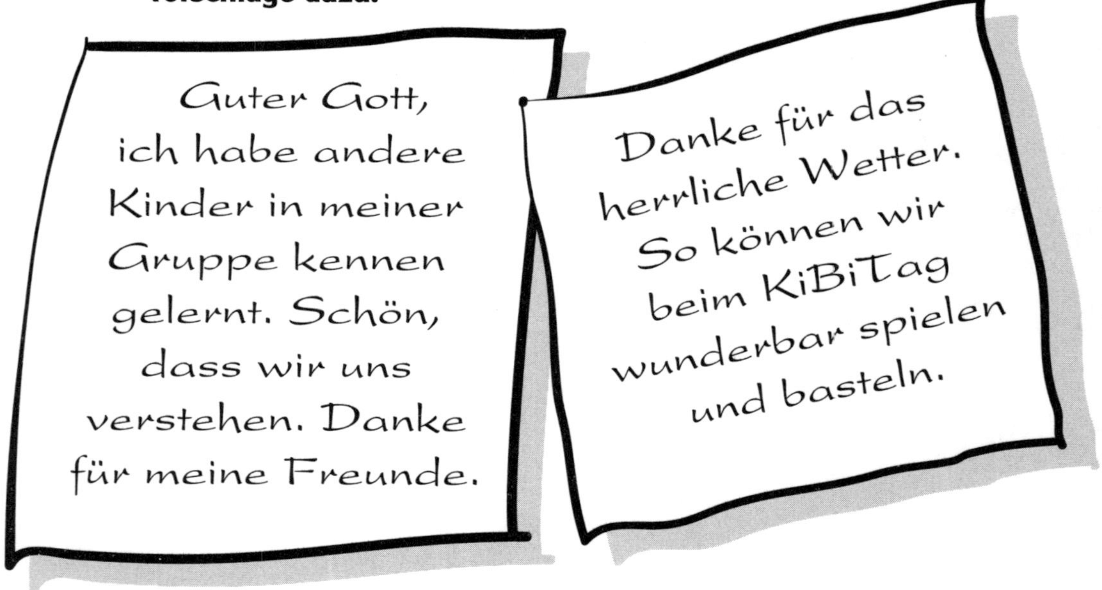

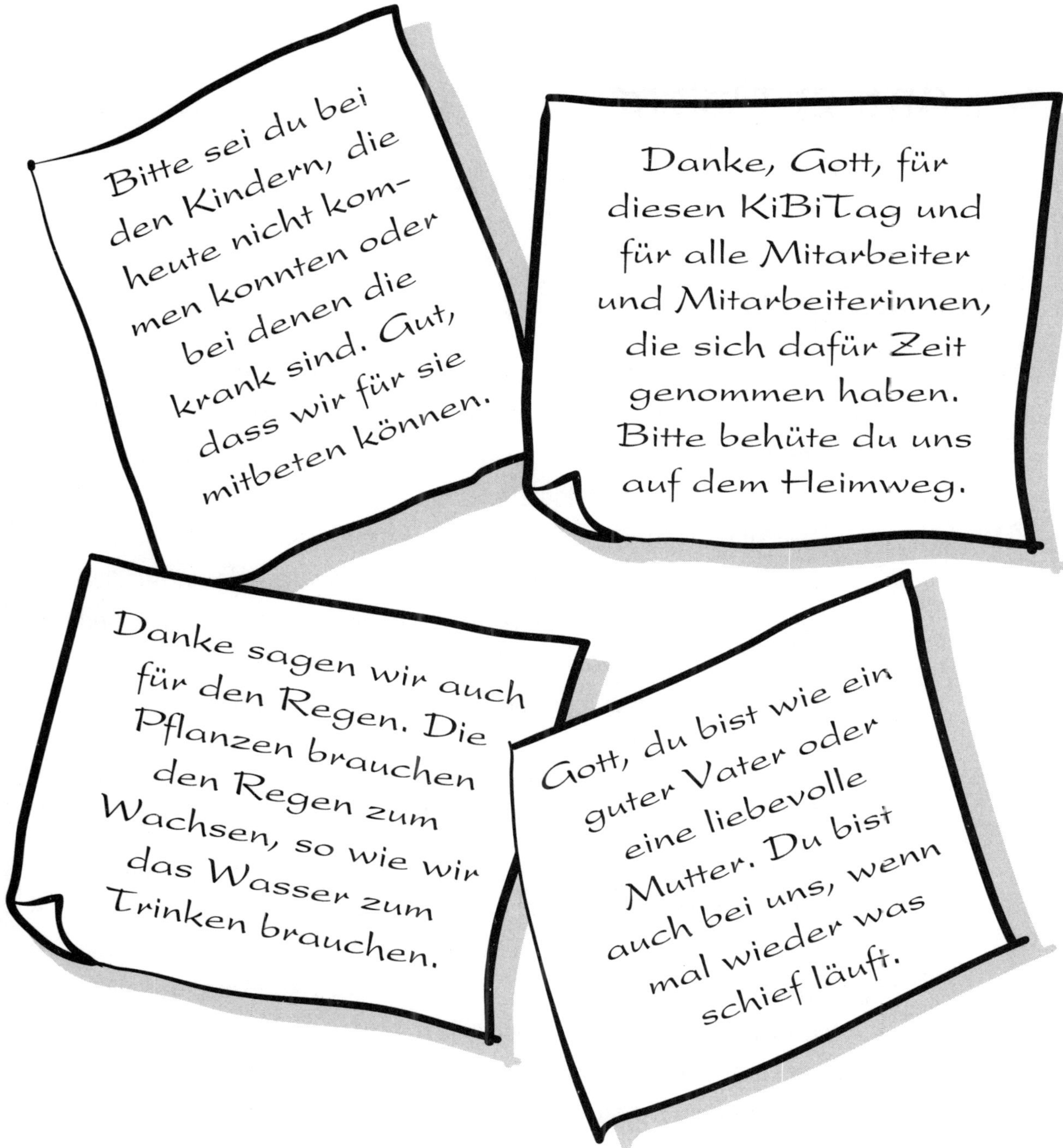

9. Abschlusslied

Ein kurzes, bewegtes Lied ist auf jeden Fall besser, als jedes noch so schöne, aber lange Segenslied. Die Kinder sind meist schon etwas ausgepowert und ein guter Schluss ziert alles!

Vorschläge

Vom Anfang bis zum Ende, *Du bist Herr für Kids 1, Nr. 194*
Komm, Herr, segne uns, *Liederbuch für die Jugend, Nr. 116*

Echt spritzig

Olaf Hofmann

Tauf-frischer KiBiTag zu Apostelgeschichte 8, 26-39

Vorüberlegungen

Die meisten Eltern freuen sich über die Geburt ihres Kindes. Kein Wunder, dass sie ein (Tauf-)Fest feiern wollen. Gott danken, mit Freunden und Verwandten feiern und den Segen Gottes erbitten für das Leben des Kindes – alles gute Gründe, eine Taufe zu feiern.
Taufe steht somit für Dank, Fest und Lebensfreude. Ältere Kinder haben eine Taufe bei Geschwistern oder in der Verwandtschaft als ein Familienfest erfahren, das in der Kirche beginnt. Was bleibt sind Geschenke und einige Bilder für das Fotoalbum. Der tiefere Sinn bleibt verschwommen und eine Erinnerung an die eigene Taufe ist nicht vorhanden.

Mit dem KiBiTag „Echt spritzig" wird dieses Ereignis belebt. Kinder sollen auf die eigene Taufgeschichte aufmerksam gemacht werden. Sie erfahren dabei den tiefer gehenden Sinn. Aber auch Kinder, die nicht getauft sind, sollen in den Symbolen Wasser und Licht Gottes Angebot für ihr Leben erkennen. Jesus hat sich sogar erst als Erwachsener von Johannes taufen lassen. Jeder Mensch ist bei Gott willkommen. Das Alter spielt da keine Rolle. In unserer biblischen Geschichte (Kämmerer aus dem Morgenland) nimmt ein äthiopischer Finanzbeamter das Angebot Gottes an. Nach dem Untertauchen im Fluss ist er durch die Taufe wie neugeboren. Das Alte ist abgewaschen und der Kämmerer zieht seine Straße fröhlich.
Diese Fröhlichkeit ist ein wichtiger Aspekt bei unserem KiBiTag light. Wenn Gottes Liebe im Mittelpunkt steht, dann können wir frisch und frei diese Geschichte spielen, in den Altersgruppen Tauferfahrungen austauschen und später den Kindern eine neu gestaltete Taufkerze mit nach Hause geben.

Mit „Echt spritzig" bieten wir einen Tag an, der Kindern und Mitarbeitenden gleichermaßen die Taufe ins Gedächtnis zurückholen will. Gott möchte heute Menschen begegnen. Dabei kommt dem Wasser eine grundlegende Bedeutung zu. Wasser ist Leben! Wasser ist Bestandteil der Schöpfung. Gott zeigt uns durch das Wasser, wie wir Vergangenes abwaschen können. Das Taufwasser wird zur Quelle des Lebens und der Erneuerung.

Zu einem Neuanfang im Namen Gottes, des Vaters, des Sohnes und des Heiligen Geistes.
Das Licht, das den Kindern in Form der Taufkerze begegnet, symbolisiert Durchblick, Weitblick und Erkenntnis. Jesus sagt: „Ich bin das Licht der Welt!" Dieses Licht soll hinausleuchten in die Welt und hineinleuchten in die Gemeinden. Wir dürfen werbend und einladend mit der Taufe umgehen. Die Kinder sollen ihre Wege fröhlich gehen in dem Wissen: Ich bin ein Kind Gottes! Ich bin geliebt! Gott ist bei mir!
Hörbar wird dies, wenn wir dem bekannten Lied „Ins Wasser fällt ein Stein" (z. B. *Liederbuch für die Jugend, Nr. 569*) eine neue Strophe anfügen:

> Die Taufe macht dich neu,
> das geht nicht immer leise.
> Gott sagt: Ich bin dir treu,
> auf deiner Lebensreise.
> Wo Gottes große Liebe
> in einen Menschen fällt,
> da lebt sie fort ...

Besondere Einladungsaktion

Besondere Aktionen bedürfen einer besonderen Einladung. Getaufte Kinder sind im Pfarrbüro gespeichert. Dort kann man sich Adressaufkleber für die Kinder im Alter der Zielgruppe ausdrucken lassen. So bekommen die Kinder ihre persönliche Einladung bzw. „Tauferinnerung" direkt ins Haus.
Zusätzlich sollte direkt in Kindergruppen, wie zum Beispiel Jungscharen, Kinderkirche oder in der Schule (Religionsunterricht) mit folgendem Schreibspiel/Einladungskarte auf „Echt spritzig" aufmerksam gemacht werden:

Grundlage ist das Spiel „Name-Stadt-Land", verändert werden die Rubriken und die Vorgabe der Buchstaben. Nur diese Buchstaben werden vom Spielleiter angesagt: S,P, R, I, T, Z, I, G.
Auf DIN A5- oder DIN A6-Karten wird auf die Vorderseite die folgende Tabelle und auf die Rückseite ein Einladungstext (KiBiTag, Termin, Ort, Zeit, Altersgruppe) kopiert.

Buchstabe	Biblische Stadt	Land	Gegenstand in einer Kirche	Spezielles aus der Gruppe	Etwas, was mit Wasser zu tun hat	Etwas, was mit Licht zu tun hat

Für das Motto des KiBiTages ist Platz gelassen,
dieses Motto soll nun enträtselt werden.

- Zwei bis drei Kinder sind eine Mannschaft.
- Der Weg ist das Ziel, dennoch gibt es als Belohnung eine kleine Süßigkeit.
- Bei Wiederholung des Buchstabens „i" sind neue Wörter zu finden.

Schwieriger wird es, wenn die Buchstaben nicht in der richtigen Reihenfolge angesagt werden. Anfangsbuchstabe und Schlussbuchstabe können vorgegeben werden.
Aus den angesagten Buchstaben ergibt sich das Lösungswort:

_ _ _ _ _ _ _ _

Die Lösung wird auf die Rückseite/Handzettel eingetragen. Eine individuelle Einladung ist fertig und die Kinder haben bereits eine kleinen Vorgeschmack bekommen.

Ideen zur Mitarbeitervorbereitung

Wer Kindern etwas über die Taufe erzählen möchte, muss sich zuvor um seine eigene Taufe kümmern. Was weiß ich von meiner Taufe? Wann wurde ich getauft? Begehe ich bewusst meinen Tauftag?

Zur Einstimmung ist es hilfreich, wenn diese Fragen bereits vor dem Abend als kleiner Aufgabenzettel mit der Einladung verschickt werden. Dieser „Tauf-Detektiv-Zettel" dient später in der Altersgruppe beim KiBiTag als Gesprächseinstieg.

Beim Mitarbeiterabend stellt jeder seine Taufe vor. Bereits jetzt wird ersichtlich, wie verschieden Tauftraditionen sind. Auch die Fähigkeit, über die eigene Taufe oder das persönliche Taufverständnis zu reden, ist unterschiedlich. Aber es ist sehr wichtig, denn nur das, was wir im Mitarbeiterteam bereden, kann später mit den Kindern bearbeitet werden.

Glaube und Taufe gehören eng zusammen. Die Taufe wird an einem Menschen ein einziges Mal vollzogen. Dabei kommen verschiedene Symbole zum Tragen: Wasser (Reinigung und Erneuerung), Name (Identität), Kreuz (Verbundenheit mit Christus), Licht (Jesus das Licht der Welt), Hand (Gottes Zuwendung, Versprechen).
Kinder lernen durch Geschichten – Mitarbeitende auch. Um die Taufe in den Mittelpunkt zu stellen, lesen wir die Geschichte vom Kämmerer aus dem Morgenland (Apostelgeschichte 8, 24-39).
Anschließend soll diese Geschichte in vier Szenen/Bilder gegliedert werden. Anhand dieser vier Bild-Teile lässt sich die Geschichte mit eigenen Worten leichter erzählen. Am besten üben immer zwei Personen miteinander. Einer übernimmt die Erzählerrolle, der andere hört zu und gibt später eine Rückmeldung. Dabei sollte jeder einmal die Möglichkeit bekommen, diese Geschichte zu erzählen.
Je nach Motivation und Talent werden anschließend die Rollen für das kleine Theaterstück verteilt:

Erzähler:	vereinfachter Text kann auch gelesen werden
Kämmerer:	Gestaltet den gelesenen Text durch Bewegung aus; an einigen Stellen lässt der Erzähler Platz für wörtliche Rede.
Philippus:	Gestaltet den gelesenen Text durch Bewegung aus; an einigen Stellen erfolgt auch hier wörtliche Rede.
Regie:	Person, die von außen Hilfen anbietet, Rückmeldungen gibt und die Probe leitet.

Während die Theatergruppe beschäftigt ist, können weitere Gruppen arbeiten:

- **Lieder und Musik**: je nach Gemeinde, Region und Liederbüchern passende Lieder auswählen und testen

- **Werbung/Öffentlichkeit**: Abkündigungstext formulieren, Handzettel entwerfen, Plakat gestalten, Pressetext

- **Vorbereitung Teams, Altersgruppen**

Nach spätestens 1 1/2 Stunden gemeinsam mit einem Gebet den Vorbereitungsabend beenden. Besonders für jüngere Mitarbeitende ist es wichtig, dass so ein Vorbereitungstreffen nicht endlos wird. Aufgaben können delegiert, Telefonnummern für spätere Absprachen ausgetauscht werden und manche Idee wächst erst im Verborgenen. Die Gesamtstimmung im Team ist wichtiger als ein perfektes Protokoll. Dennoch ist es hilfreich, die Ergebnisse kurz in Schriftform festzuhalten. Das ermöglicht auch später weiteren Mitarbeitenden, ins Geschehen einzusteigen.

Ablauf des KiBiTages in Kurzform

9.00 Treff Mitarbeitende

9.50 „Check in", Willkommen für Kinder

10.00 Start mit Plenum

- Begrüßung, Witz, Handpuppe
- Lieder zum Mitmachen und Ankommen
- Eingangsliturgie und Hinführung zum Thema
- Anspiel: Philippus und der Finanzminister aus Äthiopien
- gemeinsames Lied/Tanz als Abschluss

10.30 Einteilung in Altersgruppen/Kleingruppen
(Vorschlag: Vorschulkinder, 1. und 2. Klasse, 3. und 4. Klasse, ältere Kinder; alternativ: Vorschulkinder und 1. Klasse, 2. und 3. Klasse, 4. und 5. Klasse, ältere Kinder)

10.45 Altersgruppen

- Kennenlern- oder Eingangsspiel
- Vertiefung der Geschichte
- kleiner Imbiss/Vesper
- kreative Gestaltung/Einzel- oder Gemeinschaftsarbeit
- Spiel, Spaß, Bastelidee

12.00 Abschlussplenum

- Vorstellung von Beiträgen aus den Altersgruppen
- Segensgebet
- Lieder

12.15 Schluss (kann max. bis 12.30 ausgedehnt werden)

12.30 Gemeinsames Essen, Genießen und Auswerten der Aktion mit Mitarbeitenden

Vorbereitung Mitarbeitende

- Anspiel vorbereiten, Bühne, Spotlight (Beleuchtung), Mikrophone testen
- Tisch mit Namensliste, Empfangsbereich mit Ablaufplan, evtl. Stehtische mit Kaffee/Kekse für die Eltern, Infomaterial zur Gemeindearbeit, Büchertisch?
- Vesper organisieren und in Plastikkörben für Kleingruppen vorbereiten
- Technik für Liedprojektionen/Folien/Beamer/Liederbücher
- Musik/Band, Lieder proben, seitlich aufbauen, damit „Bühne" bespielbar ist
- Bastelmaterial etc. in Gruppenräumen bereits vorbereiten

Start mit allen

Begrüßung

siehe „Liturgiebausteine" (S. 10)

Thema vorstellen

Persönlich benutze ich eine Handpuppe „Oskar", die als versteckter Mitarbeiter, Besserwisser bzw. Freund der Kinder auftritt. Nach ein bis zwei witzigen Gags kommt die Hauptaufgabe. Oskar überbringt das verpackte Thema. Ein DIN A5 großes Paket mit einer schönen Schleife.

Dialog Moderator (M) und Handpuppe (P)

M: Herzlich willkommen!
P: *(lacht)* Super, dass ihr euch trotz unseres Themas hergewagt habt!
M: Trotz unseres Themas? Was soll das denn heißen?
P: Na, das heißt, dass heute niemand dabei ist, der wasserscheu ist.
M: Wieso?
P: Bist du etwa wasserscheu? Immerhin steht auf der Einladung: Echt spritzig!
M: Also im Freibad und unter der Dusche bin ich nicht wasserscheu, aber hier, wo ich mich extra für die Kids hübsch gemacht habe, da …
P: Super! Doch wasserscheu! Da muss ich gleich meine Spritze holen.
M: Du, hier ist niemand krank, die Spritze kannst du getrost vergessen.
P: Aber heute brauchen wir Leute, die nicht auf dem Schlauch stehen, die gut mit der Wasserspritze spritzen, die …

M: *(unterbricht den Redeschwall)* Stop! Du verwechselst was. Heute geht es nicht um die Feuerwehr.

P: Nicht? Wieso nennst du dann den Tag „Echt spritzig"? Jetzt wird's wohl hamstertrocken hier, was?

M: Nö! Das spritzig meint etwas anderes. Das meint … Ach, weißt du was, das finden wir am besten mit einem Rätsel heraus.
(nimmt das Paket mit den Buchstabenkarten zur Hand)

P: Au ja, ich hol dir mal eine schmucke Assistentin oder einen feschen Assistenten auf die Bühne.
(wählt ein Kind aus, das auf die Bühne darf)

Moderator nimmt das Paket und lässt ein Kind mit auf die Bühne kommen. Das Kind packt aus (und holt 5 Buchstabenkarten heraus) – alle Kinder rätseln mit.

Anleitung Rätselspiel
Rätselfrage wird vom Moderator oder „Assistenten" vorgelesen.
Wer die richtige Antwort zuerst weiß, bekommt eine Buchstabenkarte.
Nach den fünf Fragen kommen die Kinder mit den Buchstabenkarten nach vorn und halten ihre Karten lesbar für die Zuschauer hoch. Wer von den Zuschauerkindern findet aus den Buchstaben ein sinniges Wort?

- Wie heißt ein schwarzes Kleidungsstück; Dienstkleidung eines Pfarrers? ***(Talar) = T***
- Wie heißt der Tisch vorne in einer Kirche; häufig steht ein Kreuz und Kerzen darauf? ***(Altar) = A***
- Wie nennt man den Rand eines Flusses? ***(Ufer) = U***;
(oder als Scherzfrage: Was steht in der Mitte bei Fl**u**ss? ***= U)***
- Womit kann man eine Kerze anzünden? ***(Feuer) = F***
- Findet ein Fremdwort für die gute Nachricht von der Liebe Gottes! ***(Evangelium) = E***

Die Buchstaben werden in der richtigen Reihenfolge (TAUFE) sichtbar an eine Leine gehängt, die quer über die Bühne gespannt ist. Echt spritzig meint, es geht um die Taufe. Doch dass es dabei um mehr als um Wasser geht, das wollen wir miteinander erfahren.

Lied Ins Wasser fällt ein Stein *(z. B. Liederbuch für die Jugend, Nr. 569)*,
3. Strophe: Nimm Gottes Liebe an!

Nimm Gottes Liebe an – das passiert bei einer Taufe. Das erzählt uns die Bibel. Schaut selbst, wir spielen/zeigen jetzt für euch die Geschichte vom Kämmerer aus dem Morgenland:

GESCHICHTE/szenische Erzählung

Bild 1 *(der reiche Fremde aus Äthiopien mit seiner Schriftrolle)*

Hier seht ihr einen reichen Mann. Kostbare Kleider schmücken ihn und ein Siegelring ziert seine Hand. Dieser Mann ist der Schatzmeister der äthiopischen Königin. Er hat eine ziemlich weite Reise hinter sich. Vom fernen Afrika ist er mit seinem Diener in einer Kutsche bis nach Jerusalem gekommen.
Was macht dieser Mann in Jerusalem? Er war im Tempel. Sicher hat er dort gebetet. Der Tempel ist schließlich ein heiliger Ort, wo viele Menschen hinpilgern. Jetzt macht sich der Mann wieder auf den Heimweg. Doch er hat etwas Kostbares unter dem Arm. Eine Schriftrolle! Damals gab es keine Bücher wie heute. So eine Schriftrolle wurde von Hand geschrieben und ihr könnt euch denken, das muss ein Vermögen gekostet haben.
Naja, der Typ hatte ja Geld. Vielleicht brauchte er ein gutes Souvenir?

Bild 2

Kaum sitzt der Schatzmeister in seiner Kutsche, da rollt er schon die Schriftrolle auf. Ich glaube, er ist wirklich daran interessiert! Die Schriftrolle ist ein alter biblischer Text. Es sind Worte des Propheten Jesaja, die da stehen. Doch der Äthiopier versteht sie nicht. Ärgerlich blickt er aus dem Fenster der Kutsche. Jerusalem liegt weit zurück. Es ist eine einsame Gegend. Doch da sieht er einen Mann am Wegrand.
Das ist Philippus, einer der Nachfolger von Jesus. Philippus hat Gottes Stimme in sich gehört: „Philippus, geh hinaus an die einsame Straße, die von Jerusalem Richtung Süden führt. Dort wirst du heute gebraucht." Als die Kutsche vor Philippus hält, weiß er, dass Gott eine Aufgabe für ihn hat.

Freundlich fragt Philippus den Schatzmeister: „Verstehst du eigentlich, was du da liest?" Als der Fremde den Kopf schüttelt, beginnt Philippus ihm die Worte des Propheten zu erklären. Philippus erklärt es so, wie er Gottes Wort von Jesus gehört hat. Er erzählt dem Fremden noch viel mehr über seinen Glauben.

Bild 3
Das Lächeln auf dem Gesicht des Schatzmeisters wird immer breiter. Er hat so viel gehört und viel Neues verstanden. Jesus ist für alle Menschen auf die Welt gekommen. Er ist gestorben und auferstanden. Er will der Weg zu Gott für jeden sein, der an ihn glaubt. Mit Jesus kann das Leben ganz neu werden.
So ein neues Leben will der Schatzmeister leben und er hat begriffen, dass er es nicht für alles Geld der Welt kaufen kann. So ein Leben beginnt mit der Taufe. Da sagt Gott dem Menschen zu, dass er ihn voll und ganz liebt. Philippus übersetzt aus dem Jesajatext: Gott ist mein Heil.
Da will der Fremde nicht warten. Neben der Straße ist ein Fluss. Hier und jetzt möchte er von vorne beginnen. Philippus tauft den Finanzminister. Gemeinsam steigen sie ins Wasser und spüren, dass Gott alles Alte wegwäscht so wie das Wasser den Staub der Straße abspült. Ganz neu – tauf-frisch steigt der Finanzminister aus dem Fluss.

Bild 4
Er ist total glücklich. Jetzt hat seine Reise ihr Ziel gefunden. Er hat die Nähe Gottes wirklich erlebt. Fröhlich steigt er in seine Kutsche, Philippus ist für ihn ein Bote gewesen, der jetzt seiner Wege geht.
Der Finanzminister aber fährt zurück nach Äthiopien. Garantiert hat er eine Menge zu erzählen, wenn er heimkommt. Dass er etwas Großes, Besonderes erlebt hat, kann man wirklich sehen.

Gruppeneinteilung und Altersgruppen

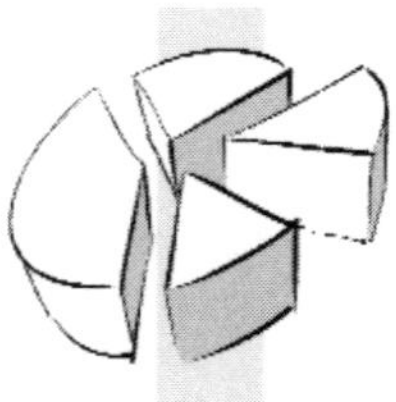

3 „Reisegruppen" bekommen einen Proviantkorb mit
- Reiselektüre (die Bildgeschichte)
- Sprungseile
- Geheimschrift (unterschiedlich je nach Altersgruppe)
- Landkarte (Skizze, auf der der Weg in den Gruppenraum dargestellt ist)

Gespräch/kreative Fortführung zur Auswahl

Die Mitte des Stuhlkreises kann mit Taufsymbolen gestaltet sein (Tuch mit Wasserschale, Taufurkunde, Patenbrief, Taufkerze).

Jeder Mitarbeitende stellt sich vor, erzählt kurz, warum er heute dabei ist und zeigt vom Vorbereitungsabend seine „Tauferinnerungen". Haben die Kinder Geschichten, Erfahrungen zur Taufe, so ist hier der Platz für persönliche Erlebnisse.

Wichtig: Den Kindern sollte erklärt werden, dass manche Eltern ihre Kinder nicht taufen lassen, weil es ihnen nicht wichtig ist oder weil sie diese Glaubensentscheidung den Kindern überlassen möchten. Auch als großes Kind oder als Erwachsener kann man sich taufen lassen.
Kinder haben Taufpaten, die sie auf ihrem Glaubensweg begleiten.
Frage an die Gruppe: Wer begleitet dich, wenn du Fragen zu Gott hast?

Aktion

Tauferinnerung des Kämmerers

Wenn heute der Kämmerer seine Tauferinnerung zusammenstellen würde, wie müsste diese aussehen? Gemeinsam tragen wir die Antworten zusammen und fertigen in der Mitte (DIN A3 oder größer) ein Tauferinnerungsplakat.

Datum/Zeit:
Ort:
Taufpaten:
Wer hat getauft:
Taufspruch:
Worin befand sich das Taufwasser:
usw

Mit einer Sofortbildkamera lässt sich sogar ein Bild vom Theaterstück machen und als Taufbild aufkleben.

Alternative oder Ergänzung

Die Kinder erzählen anhand der vier Bilder (s. S. 25) die Geschichte nach. Jede Bildstation kann mit einer Aktion, einem Spiel vertieft werden.

1. Bild: Die Reise zum Tempel nach Jerusalem

Reise nach Jerusalem: Stuhlkreis, ein Stuhl weniger als Kinder, Kinder laufen zur Musik im Kreis, bei Musikstopp muss sich jedes Kind schnell auf einen Stuhl setzen, wer keinen Platz hat, scheidet aus – Bezug zur Realität: Eine Reise war damals gefährlich, nicht jeder kam am Ziel an.

2. Bild: Die geheimnisvolle Schriftrolle des Jesaja

Geheimschrift entziffern: Jüngere Kinder ohne Schriftkenntnis puzzeln einen zerrissenen Text zusammen; Kinder mit leichter Schriftkenntnis rätseln aus Der Jugendfreund und größere Kinder bekommen ein anspruchsvolleres Rätsel.

3. Bild: Taufe im Wasser

Wasserstaffellauf: In zwei Gruppen sollen die Kinder Wasser mit Plastikbechern von A nach B transportieren. Zum Schluss wird das Wasser zum Abwaschen der Hände genutzt.

Wasser säubert, Kinder haben eine dreckige Hand; diese legen sie ins Wasser; erst durch Zuhilfenahme einer zweiten Hand lässt sich der Dreck abwaschen.

4. Bild: Zog seine Straße fröhlich

Hinaus aus dem Gemeindehaus: Raus ins Freie und ein Frischluftspiel; z. B. zwei Personen schwingen ein Tau und Kinder hüpfen – Freudensprünge – darüber.

Die Altersgruppe wird durch einen Kreis beendet. Die Kinder und Mitarbeitenden geben sich die Hände und sprechen gemeinsam einen Satz aus der Jesajarolle des Kämmerers: „Gott ist mein Heil!" (Jesaja 12, 2)

Gemeinsames Essen

Entweder in der Gruppe oder an einem „Verpflegungsstand", den jede Gruppe aufsucht.

Bastelideen

- **Perlenkette mit Namen** (Ich habe dich bei deinem Namen gerufen, du bist mein!)
- **Nussschalenboot** (Wasser trägt – Taufe trägt)
- **Taufkerze** mit Wachsplatten oder Farben gestalten (Tauferinnerung), zu beziehen z. B. beim Verlag Der Jugendfreund, Postfach 10 03 55, 70747 Leinfelden-Echterdingen, Tel. 07 11-97 87 87 0, E-mail: auslieferung@jugendfreund.de

1

2

3

4

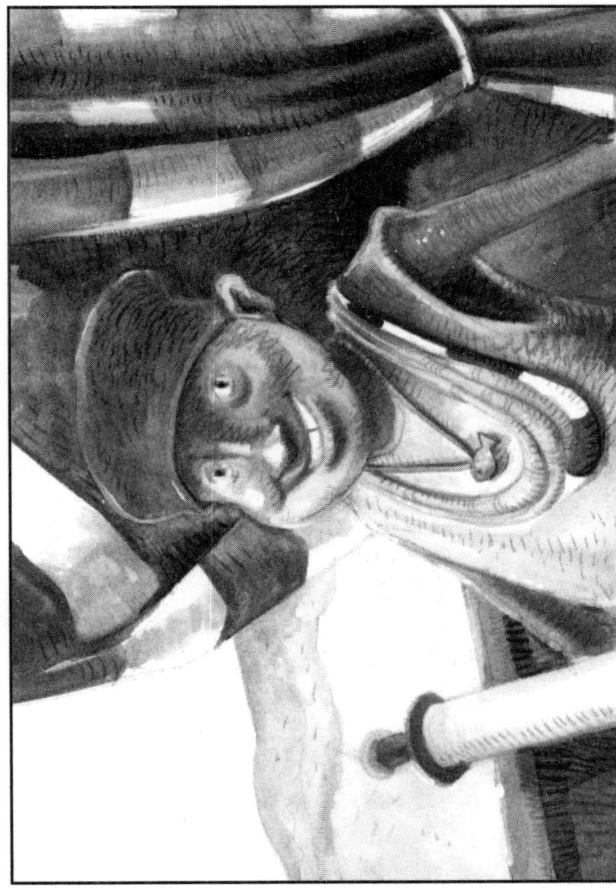

- **afrikanische Schmuckstücke** herstellen (Fußspange oder Halskette)
  Material: Pfeifenputzer, Geldstücke, Tonkarton

Abschlussplenum
Lied: Gottes Liebe ist wie die Sonne, *Kindergesangbuch, Nr. 153*

Moderator: Diese Liebe soll in euer Leben hineinstrahlen. In der Jesajarolle steht: Gott ist mein Heil! Das hat der Kämmerer entziffert. Philippus hat dabei geholfen. Und Gott war mit seiner spürbaren Kraft dabei, als Philippus den Kämmerer im Fluss getauft hat.
Was man alles mit Wasser erleben kann! Was Kinder alles durch Wasser erkennen können!
Spritzig ging es heute zu. Wasser war zum Händewaschen da, zum Bilder malen, Wasser ist für uns eine Verstehenshilfe. Taufwasser ist die Liebe Gottes auf unserer Haut. Diese Liebe berührt uns und verändert. Als Kinder Gottes dürfen wir fröhlich durch die Straßen unserer Stadt ziehen. Wir laden ein, sich diesem Festzug anzuschließen.
Dieser Festzug umfasst getaufte und solche, die sich erst taufen lassen möchten. Wenn wir heute zum Abschluss einmal um unsere Kirche/unser Gemeindehaus ziehen, dann darf dies spritzig fröhlich geschehen. Denn „wo Gottes große Liebe in einen Menschen fällt, da wirkt sie fort, in Tat und Wort, hinaus in unsre Welt!"
Das haben wir bereits heute morgen am Anfang gesungen. Jetzt kommt die Erweiterung. „Oskar" *(Handpuppe)* stellt seine Erkenntnis und Dichtkunst unter Beweis:
(nach der Melodie: „Ins Wasser fällt ein Stein")

> *Die Taufe macht dich neu,*
> *das geht nicht immer leise.*
> *Gott sagt: Ich bin dir treu*
> *Und geht's dir auch mal sch… (Stopp! Oskar!)*

Gemeinsam mit den Kindern sucht man die letzte Zeile, z. B.

> *Gott sagt: Ich bin dir treu,*
> *auf deiner Lebensreise.*
> *Wo Gottes große Liebe …*

Abschlusslied mit Segen
Vom Anfang bis zum Ende, *Du bist Herr für Kids, Nr. 194*

Einladung zu Gruppenangeboten bzw. zum nächsten KiBiTag

Halskette:

Für die Halskette kleine Münzen in Reihen auf eine Karteikarte kleben. Wenn der Klebstoff getrocknet ist, am oberen Ende der Karteikarte mit dem Locher zwei Löcher hinein stanzen. Die Ränder abschneiden, die Karte sieht dann aus wie ein Kettenanhänger. Dann zwei Pfeifenreiniger an den Enden so verdrehen, dass sie eine lange Kette bilden. Ein Ende dieser Kette erst durch das eine dann durch das andere Loch im Kettenanhänger führen. So baumelt der Anhänger an dem Ring aus Pfeifenreinigern. Jetzt die letzten 2,5 cm an den Enden der Kette so umbiegen, dass die Kette im Nacken befestigt werden kann.

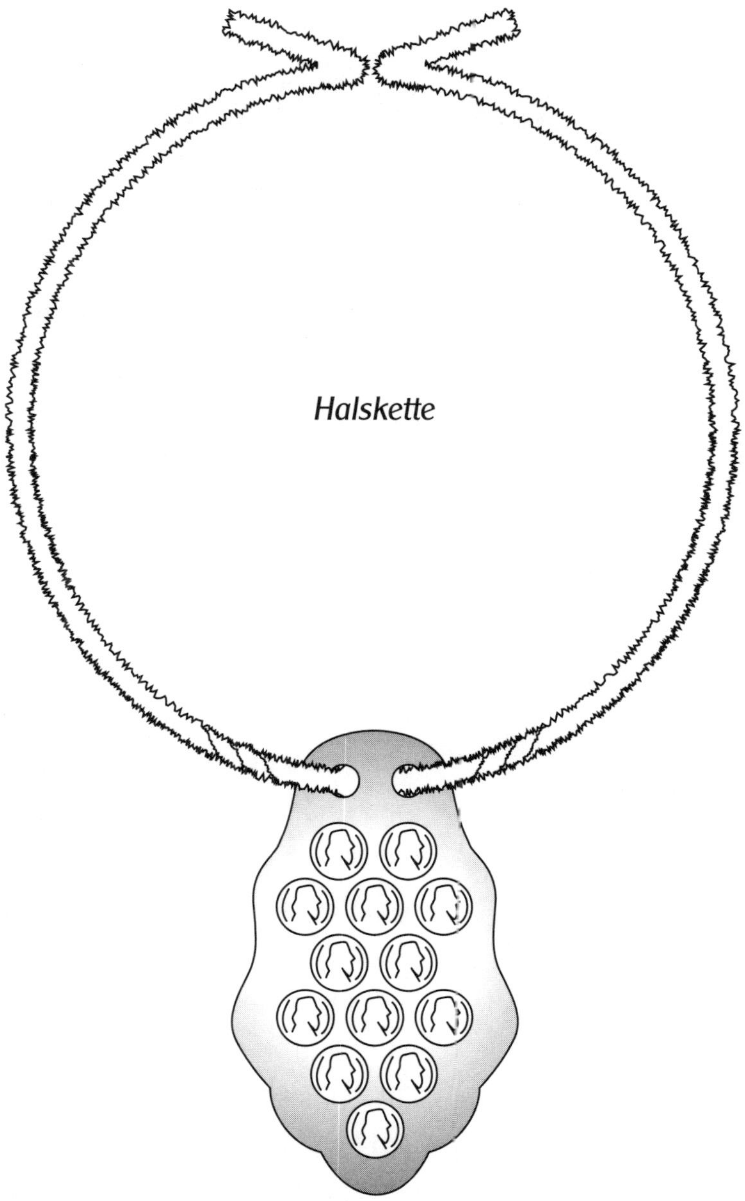

Fußspange:

Für die Fußspange werden verschiedene Knöpfe auf einen Pfeifenreiniger aufgezogen, der ungefähr 30 cm lang ist. (Knöpfe mit einer Öse sind besser geeignet als flache Knöpfe.) Zwischen die Knöpfe kleine Glöckchen setzen. Glöckchen und Knöpfe sollten aber nicht zu dicht zusammen sein. Dann sieht die Fußspange so aus, wie sie Frauen damals trugen. Die Fußspangen klingelten leise beim Gehen. Wenn alle Glöckchen und Knöpfe auf dem Pfeifenreiniger aufgezogen sind, die beiden letzten 2,5 cm der Enden des Pfeifenreinigers so umbiegen, dass sie miteinander verhakt werden können. So kann die Fußspange am Knöchel befestigt werden.

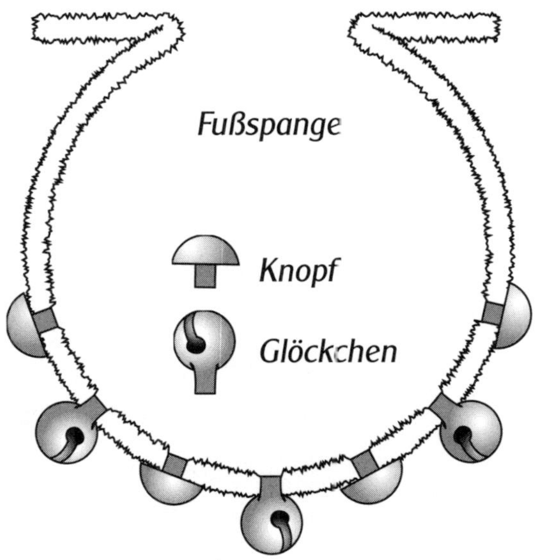

Megawichtig – bei Gott gibt's keine Unterschiede

Rose Schaaf

KiBiTag über die Kindersegnung zu Markus 10, 13-16

Vorüberlegungen

Dieser Kinderbibeltag soll mit Hilfe der Geschichte deutlich machen, dass uns Kinder in der Kirche, in der Gemeinde wichtig sind. Kinder erfahren gerade in unserer zunehmend älter werdenden Gesellschaft, dass sie nicht immer willkommen sind. Kinder sind nicht nur fröhlich, unbekümmert und neugierig, sondern auch laut, machen Dreck, bringen Unruhe, halten sich nicht an Regeln und bringen jede Routine durcheinander. Klar, das erlebt jeder Mitarbeitende in einer Gruppe mit Kindern. Aber Kinder sind das Salz in der Suppe der Gemeinde. Das bedeutet nicht, dass die Suppe versalzen ist. Es geht um Würze, Herausforderung, Belebung und wertvolle Bereicherung.
Zur Zeit Jesu waren Kinder rechtlos, hatten keine religiöse Bedeutung und konnten nicht am rituellen Glaubensleben teilhaben. Es ist deshalb um so erstaunlicher, dass Jesus die Kinder zu sich kommen lässt.
An der biblischen Geschichte fällt auf, dass Jesus bemerkt, wie seine Jünger die Kinder abwimmeln wollen. Wahrnehmung ist ein wichtiges Stichwort für uns heute.
Dazu gehört, dass man offene Augen für die Jüngeren hat. Wahrnehmen, was Kinder bewegt, wo Kinder benachteiligt oder unbeachtet bleiben – das ist eine dringende Aufgabe für jeden Christen. Nur wer aufmerksam bleibt, kann auch etwas verändern. Jesus war jedenfalls von Predigt und Erwachsenen nicht so eingenommen, dass ihm der Blick für die Kinder gefehlt hätte. Was hat in unserer Gemeinde Priorität? Wo kommen die Kinder vor? Was sind kindgerechte Formen unserer Arbeit? Wann und wie finden Kindergruppen und Gottesdienste statt?
Jesus sieht nicht die Direktheit, Unkompliziertheit oder das Niedliche von Kindern als das Besondere an, sondern ihre Fähigkeit, ein Geschenk total unbefangen anzunehmen. Das können Erwachsene von Kindern lernen. „Ich versichere euch, wer sich Gottes neue Welt nicht schenken lässt wie

ein Kind, wird niemals hineinkommen." (Markus 10, 15) Das ist übrigens auch die Glaubenserkenntnis von Martin Luther. Gottes neue Welt, der tiefe Glaube an Gott – das alles ist nicht zu verdienen, sondern nur als Geschenk von Gott anzunehmen.
Es ist eine Botschaft, die unserem Leistungsdenken entgegen steht. Dieser KiBiTag ist ein Tag zum Feiern und Freuen über dieses Geschenk Gottes. Vielleicht können wir das mit den Kindern zusammen ganz neu erleben.

Ablauf des KiBiTages in Kurzform

9.00 Treff Mitarbeitende

9.50 „Check in", Willkommen für Kinder

10.00 Start mit Plenum
- Begrüßung der Kinder durch zwei Handpuppen
- Lieder zum Mitmachen und Ankommen
- Eingangsliturgie und Hinführung zum Thema
- Biblische Geschichte als Anspiel

10.30 Einteilung in Altersgruppen/Kleingruppen

10.45 Altersgruppen
- Kennenlern- oder Eingangsspiel
- Vertiefung der Geschichte
- kleiner Imbiss/Vesper
- kreative Gestaltung/Einzel- oder Gemeinschaftsarbeit
- Spiel, Spaß, Bastelidee

12.00 Abschlussplenum
- Vorstellung von Beiträgen aus Altersgruppen
- Segensgebet
- Lieder

12.15 Schluss und Aufräumen

12.30 Gemeinsames Essen, Genießen und Auswerten der Aktion mit Mitarbeitenden

Materialbedarf

- *Moderation:* Handpuppe
- *Anspiel:* Papphocker, Tücher, Pflanzen, Körbe, Steine, Murmeln, Tücher für Gewänder, Sicherheitsnadeln
- *Lieder:* Mikro, Tageslichtprojektor, Leinwand, Lieder auf Folien, Instrumente
- *Basteln:* große Papierbogen für die Collage, Illustrierte, Kinderzeitschriften mit vielen Kinderbildern, Scheren, Klebstoff, Papier für eigene Bilder, Stifte, Ausmalbild „Jesus und die Kinder“ (S. 38) für Kinder kopieren (wenn möglich auf 120 g Papier – stabiler!)
- *Spiele:* Kreppklebeband, Stifte, Tafel oder Blätter, Decke
- *Imbiss:* Brezeln, Servietten oder Teller, Gläser, Apfelsaft, Sprudel

Ablauf Schritt für Schritt

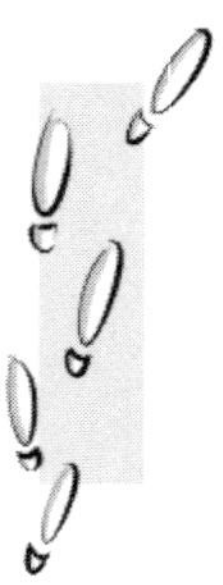

Vorbereitung Mitarbeitende

Aufbauphase

- Anspiel vorbereiten: Bühnenbild (Marktplatz) aus Papphockern, Tüchern, Körben und im Gemeindehaus befindlichen Pflanzen
- Parallel die Gruppenräume vorbereiten und das in Kisten bereitgestellte Bastelmaterial holen.
- Tisch mit Namensliste, Empfangsbereich mit Ablaufplan, evtl. Stehtische mit Kaffee/Kekse für die Eltern, Infomaterial zur Gemeindearbeit, Büchertisch?
- Vesper organisieren und in Plastikkörben für Kleingruppen vorbereiten
- Technik für Liedprojektionen/Folien/Beamer/Liederbücher/Mikros testen
- Musik/Band, Lieder proben, seitlich aufbauen, damit „Bühne“ bespielbar ist.

Gesungene Lieder

- He Kumpel, tu deinen Mund auf, (S. 31)
- Komm und feier, heute ist ein Fest, *Jungscharlieder, Nr. 148*
- Ein jeder kann kommen, *Liederbuch für die Jugend, Nr. 512*
- Ja, Gott hat alle Kinder lieb, *Liederbuch für die Jugend, Nr. 572*

Start mit allen

Die Kinder werden begrüßt und bekommen Namensschilder in der Farbe ihrer Gruppe umgehängt.

Begrüßung

siehe „Liturgiebausteine“ (S. 10)

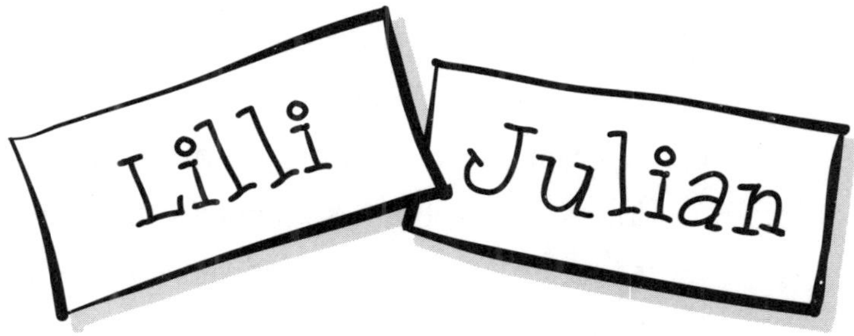

Thema vorstellen

Lied: He Kumpel, tu deinen Mund auf

2. *He Junge, tu deinen Mund auf und lobe den Herrn!*
   Er ist es, der dir deine Kraft gab, lobe den Herrn!
3. *He Mädel, tu deinen Mund auf und lobe den Herrn!*
   Er ist es, der dir deine Schönheit gab, lobe den Herrn!
4. *He Bruder, tu deinen Mund auf und lobe den Herrn!*
   Er ist es, der dir deine Zukunft gibt, lobe den Herrn!

Text und Melodie: Albrecht Kaul; aus: "Die Neuen 7"

Moderator (M) mit Handpuppe (P) (bzw. zwei Personen)

M: *(summt vor sich hin …)* He, Junge tu deinen Mund auf …

P: Mund auf? Ich glaube, du spinnst!

M: Wieso? Ist doch heute ein toller Tag – wir haben KiBiTag!

P: Ja, schon. Aber wir sind doch hier in der Kirche!

M: Na, genau. Das ist ja das Tolle. So viele Kids in der Kirche und du und ich … Wieso machst du eigentlich so ein betretenes Gesicht?

P: In der Kirche darf man keinen solchen Krach machen! Da musst du ruhig sein und darfst nicht stören. Sonst meckern gleich die Erwachsenen los.

M: Naja, im Gottesdienst solltest du nicht gerade so laut lossingen: He, Junge tu deinen Mund auf …

P: Aber im Gemeindehaus ist das auch so ein Ding. Immer wenn dort Jungschar ist, dann kommt gleich jemand mit dem Putzeimer angerannt. Egal wo Kinder sind, die stören ständig.

M: Das ist ja nichts Neues! Das gabs schon vor 2000 Jahren, als Jesus durch Galiläa zog.

P: Echt? Krass, das wusste ich nicht! Haben die Kinder Jesus auch gestört?

M: Also, das war so … Ach weißt du was, ehe ich die Geschichte erzähle, lass uns doch mal eine Zeitreise machen und sehen, was damals geschah …

GESCHICHTE/szenische Erzählung

Anspiel: Die Kindersegnung (Markus 10, 13-16)

Personen: Erzähler, Jesus, 3 Mütter, 3 Kinder, 3 Jünger (kann variiert werden)

Erzähler: Lea und Markus leben in einem kleinen Dorf im Norden von Israel. Am liebsten spielen sie mit kleinen, bunten Glasmurmeln. Meistens gewinnt Mirjam, aber die ist heute nicht mit dabei. Sie wollte lieber ihrer Mutter beim Brot backen helfen. Markus liegt schon mit zwei Punkten vor Lea, als er seine Mutter rufen hört.

Szene 1: Vor dem Haus auf der Straße

Kinder spielen, Frauen kommen dazu.

Mutter: Markus, Lea kommt! Ich will auf den Marktplatz gehen. Packt eure Murmeln ein und kommt.

Markus: Ach Mensch, so ein Mist, gerade wenn ich mal am Gewinnen bin! Was soll ich überhaupt auf dem Marktplatz?

Lea: Markt war doch gestern. Sind heute schon wieder Händler da?

Frau: Nein, stellt euch vor, Jesus ist in unser Dorf gekommen.

Plötzlich taucht Mirjam auf und stellt sich zu der Gruppe. Sie schnappt das letzte Wort auf.

Mirjam: Jesus? Wer soll denn das sein?

Markus: He! Was machst du denn plötzlich hier? Ich denke, du kannst heute nicht Murmeln spielen, weil du backen willst.

Mirjam: Dachte ich auch, aber meine Mutter meint, ich wäre noch zu klein, um den Teig zu machen. Zum Wasser holen, da bin ich gut genug, aber für die richtig guten Sachen heißt es immer „zu klein!"

Lea: Blöd, gell? Geht mir auch oft so.

Mirjam: Und wer ist jetzt dieser Jesus? Muss ich den kennen?

Mutter: Hast du noch nie von Jesus gehört?

Mirjam: Nein! *(schüttelt den Kopf)*

Mutter: Jesus zieht als Wanderprediger durch die Orte. Er hat Kranke gesund gemacht. Der blinde Bartimäus erzählt überall, Jesus habe ihn geheilt.

Frau: Jesus erzählt von Gott. Er erzählt Geschichten, die man gleich versteht, und er will, dass allen Menschen geholfen wird.

Mirjam: Spannende Geschichten? Da komme ich mit zu diesem Jesus!

Markus: Na gut, dann brechen wir das Spiel hier ab. Aber ich hab' drei Punkte Vorsprung!

Die Kinder stehen auf, stecken ihre Murmeln in die Tasche, gehen mit den Frauen zum Marktplatz.

Szene 2: Auf dem Marktplatz

Jesus sitzt auf einem Hocker, Jünger/Leute stehen vor ihm.

Erzähler: Die Frauen und Kinder treffen auf dem Marktplatz ein. Aber die Kinder können gar nichts sehen, denn viele Menschen stehen um Jesus herum. Sie sind enttäuscht. Sie versuchen, sich zu Jesus vorzudrängeln. Doch die Jünger versperren ihnen den Weg. Die Jünger sind immer bei Jesus. Sie sind seine Schüler. Sie folgen ihm nach. Die Jünger sehen, dass die Frauen und Kinder zu Jesus wollen. Das gefällt ihnen nicht. Sie meinen, die Kinder sind hier im Weg und stören nur.

Jünger 1: He Kleiner, drängel nicht so!

Markus: Ich möchte auch was sehen!

Jünger 2: Was wollt ihr hier?

Jünger 3: Geht nach Hause! Ihr seid zu klein!

Jünger 2: *(zu den Frauen gewandt)* Warum habt ihr Frauen eure Kinder mitgebracht? Die können sowieso noch nicht verstehen, was Jesus den Menschen sagen will.

Mutter: Mag sein, dass sie die Worte nicht begreifen, aber Jesus kann die Kinder doch wenigstens berühren.

Frau: Wir möchten, dass Jesus seine Hand auf ihren Kopf legt und sie segnet. Vielleicht geht die wunderbare Kraft von Jesus in unsere Kinder und sie können spüren, dass Gott sie annimmt.

Jünger 3: Was versteht ihr denn schon von Gott? Jesus hat keine Zeit für Kinder! Jesus hat mit Erwachsenen genug zu tun!

Jünger 2: Und nun verschwindet! Kinder haben hier nichts zu suchen!

Erzähler: Da werden alle ganz traurig. Mirjam, Markus, Lea und die Mütter. Sie waren so gespannt auf Jesus. Was die Kinder jetzt wohl denken? – Das kennen sie ja schon: Erwachsene, die Kinder lästig finden; Erwachsene, die zu Kindern sagen: „Das könnt ihr noch nicht, dazu seid ihr noch zu klein!" oder „Halt dich da raus, das verstehst du sowieso nicht!"
Das gibt es überall; das hören Kinder auch heute manchmal. Doch Jesus hat die Kinder und ihre Mütter gesehen. Er hat mitbekommen, dass sie zu ihm wollen und die Jünger sie nicht zu ihm lassen. Er wird richtig böse. Seine Stimme klingt sehr streng.

Jesus: Was sagt ihr da? Steht den Kindern nicht im Weg. Sie dürfen zu mir kommen! Kinder, Männer, Frauen – alle dürfen zu mir kommen!

Erzähler: Da halten die Jünger die Kinder nicht mehr zurück. Sie machen Platz und lassen sie zu Jesus durch. Mirjam sieht Jesus. Er sieht freundlich aus. Er winkt die Kinder zu sich.

Jesus: Kommt doch näher! *(winkt die Kinder mit einer einladenden Geste zu sich)* Jeder darf zu mir kommen. Wie schön, dass ihr da seid! Den Segen Gottes spreche ich euch gerne zu. Dafür muss man nicht alle Worte verstehen. Es reicht, wenn man einfach so zu Gott kommt.

Erzähler: Die Kinder gehen zu Jesus. Mirjam stellt sich ganz dicht neben Jesus, Lea und Markus setzen sich vor ihm auf den Boden. Jesus spricht mit den Kindern und den Müttern. Er interessiert sich echt für sie.

Jesus: Wie heißt du, mein Kind?

Mirjam: Ich heiße Mirjam.

Jesus: *(legt seine Hand auf Mirjams Kopf)* Gott segne dich und behüte dich, Mirjam! Durch diesen Segen will Gott mit dir sein.

Erzähler: So segnet Jesus jedes Kind. Und die Kinder spüren es: Gott hat mich lieb, für ihn ist niemand zu klein!

Jesus: *(wendet sich den Erwachsenen zu)* Von den Kindern könnt ihr viel lernen: Kinder halten einfach ihre leeren Hände auf und lassen sich beschenken. Nehmt euch an den Kindern ein Beispiel. Lasst euch, wie sie, von Gott beschenken. Mit den Kindern dieser Erde beginnt Gottes Reich!

Mirjam: Das muss ich meiner Mutter erzählen. Die wird staunen. Von den Kindern können sogar Große was lernen hat Jesus gesagt.

Lea: Naja, mit dem Brotteig hat das wohl nichts zu tun.

Mirjam: Stimmt, aber dass Gott uns Kindern seinen Segen schenkt, das ist megastark!

M: Na? Was sagst du nun?

P: Megastark! Die Geschichte musst du ganz vielen Leuten erzählen, damit es niemand vergisst!

M: Da gibt es noch ein super Lied dazu, bei dem alle mitmachen können: Komm und feier, heute ist ein Fest. Gott will uns beschenken, wenn man sich beschenken lässt …

Lied: Komm und feier, heute ist ein Fest

2. Wenn du blonde Haare hast, drehe dich im Kreis (rum, rum, rum). Wir seh'n …

3. Wenn du Sommersprossen hast, hüpf auf einem Bein (hüpf, hüpf, hüpf) …

4. Wenn du große Füße hast, rufe laut HURRA (HURRA) …

5. Wenn du Geschwister hast, steh auf einem Bein (hey, hey, hey) …

Text und Musik: Daniel Kallauch

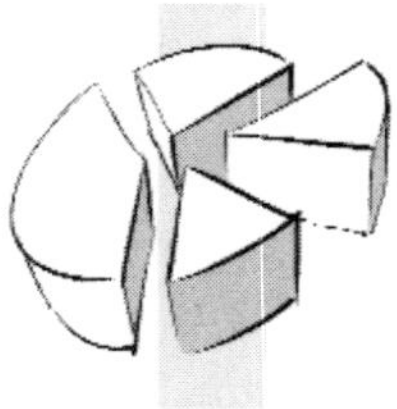

Kennenlernspiel/Eingangsspiel (zur Auswahl und zum Einstieg)

- **Move your name:** Im Kreis herum sagen die Kinder ihren Namen und machen eine Bewegung dazu. Der Name und die Bewegung wird von der ganzen Gruppe wiederholt.
- **Wer ist es:** Ein Kind aus der Gruppe wartet vor der Tür bis es hereingerufen wird. Ein anderes Kind versteckt sich unter einer Decke, die restlichen Kinder wechseln die Plätze. Die Kinder beschreiben dem Ratenden so lange, wie das Kind unter der Decke aussieht, bis er den Namen errät.

Gespräch/kreative Fortführung zur Auswahl

In der Mitte liegt auf einer Decke ein Geschenkkarton mit Schleife. Darin ist eine dick eingepackte, große Tafel Schokolade.
Vorhin haben wir gehört, dass man sich Gottes Segen und seine neue Welt schenken lassen soll. Das fällt Kindern viel leichter als Erwachsenen.
Erfahrungen der Kinder im Gespräch aufgreifen:

- Was für ein ganz tolles Geschenk hast du schon einmal bekommen? Beschreib, wie es dir ging, als du das Geschenk bekamst.
- Was möchte Gott uns Menschen schenken? (Liebe – wir sind von Gott geliebt, so wie wir sind; Hoffnung – unser Leben ist gut und wir können etwas zum Guten in dieser Welt beitragen, Vergebung – bei Gott kann jeder Mensch von vorne beginnen, wenn er seine Fehler einsieht und um Vergebung bittet …)
- Was Gott uns schenken will, kann auf kleine Karten aus Tonpapier geschrieben werden, die auf einen Karton in der Mitte aufgeklebt werden.

Zielgedanke: Den Kindern deutlich machen, dass man sich Gottes Liebe nicht verdienen muss, sondern dass man den Glauben wie ein Geschenk annehmen kann. Gott ist da, wenn ich ihn in mein Leben hereinlasse.
Gebet: Gott, du willst mir mit deinem Segen Kraft geben und mich stark für mein Leben machen. Danke, dass du da bist. Danke, dass ich mir deine Liebe einfach schenken lassen kann. Du weißt, dass ich dafür nicht zu klein bin. Danke, dass ich als Kind zu dir beten kann. AMEN

Lied Wir sind die Kleinen in den Gemeinden,
Kindergesangbuch, Nr. 77; Liederbuch für die Jugend, Nr. 428

Karton auspacken, **Schokoladenessen** in der Kleingruppe durchführen – damit die Freude zu schmecken ist! (Tafel Schokolade ist mehrfach in Zeitungspapier gewickelt und dann mit Geschenkpapier umhüllt. Es wird reihum gewürfelt. Bei 1 oder 6 ist die Person dran. Das heißt, Handschuhe anziehen, Mütze aufsetzen, Schal umwickeln und dann mit Messer und Gabel die Tafel anschneiden bzw. erst mal aufreißen. Bei der nächsten 1 oder 6 gibt es einen rasanten Wechsel. Das turbulente Spiel endet, wenn die Schokolade alle ist. Aufpassen, dass nur stückchenweise gegessen und nicht gleich die halbe Tafel angespießt wird. Evtl. Schokoriegel als Trostpreis bereit halten, falls jemand kein Würfelglück hatte.

Lied Ja, Gott hat alle Kinder lieb, *Liederbuch für die Jugend; Nr. 572*

Ausmalbild für jüngere Kinder zur Gestaltung bereit halten (S.38)

Collage für ältere Kinder
Aus Illustrierten, Kinderzeitungen (wenn möglich alte Geolinos), Werbezeitschriften etc. werden Kinderbilder ausgeschnitten und auf ein gemeinsames Plakat geklebt.
Schön ist es, wenn Kinder die im Lied (Ja, Gott hat alle Kinder lieb) genannten Kinder malen könnten und mit dazu kleben. Auf die bunte Collage könnte auch jedes anwesende Kind ein Kärtchen mit seinem Namen kleben. Die Überschrift kann in knalligen Buchstaben quer über das Plakat laufen: „Bei Gott sind alle willkommen!"

Spiel zur biblischen Geschichte
1, 2 oder 3: Es werden Fragen gestellt und drei mögliche Lösungen gegeben. Auf dem Boden sind mit Kreppband 3 Felder geklebt. Die Kinder hüpfen in das ihrer Meinung nach richtige Feld. Bei richtiger Antwort bekommen sie einen Punkt.
Beispiele:
Wo wurde Jesus geboren? 1-Jerusalem 2-Bethlehem 3-Nazareth
Was heißt „Petrus" in deutscher Sprache? 1-Sturm 2-Hahn 3-Fels

Gemeinsames Essen

aus: BibelCopyShop Nr. 2, 878.215, Wort im Bild, Altenstadt/Hessen

Spielspaß – Spiele fürs Freie

- **Monster Blob (Kettenfangen)**: Blob ist am Anfang nur ein Einzelner, der versucht, die anderen zu fangen. Hat er jemanden erwischt, nimmt er ihn an der Hand. Zu zweit gehen sie auf die Jagd nach neuen Opfern. Sie verleiben sich alles ein, was sie mit ihren äußeren Händen erwischen können. Zum Schrecken der Flüchtenden teilt sich Blob, wenn er aus vier Personen besteht. Dann gibt es zwei Monster, die sich gegenseitig helfen. Die Person, die als letztes übrig bleibt, ist das neue Monster.
- **Hasenjagd**: Alle gehen in einer Reihe in die Hocke. Die Person am einen Ende der Reihe ist der Hase. Er kann rechts oder links herumlaufen und darf die Richtung wechseln. Der Spieler am anderen Ende ist der Jäger. Er kann in beide Richtungen losrennen, muss aber die einmal eingeschlagene Richtung beibehalten. Ziel der Jagd ist natürlich, den Hasen zu fangen. Der Jäger kann jederzeit einem der hockenden Mitspieler auf den Rücken klopfen und „Los!" rufen. Der betreffende Spieler muss jetzt die Verfolgung aufnehmen, während sich der seitherige Jäger an die frei gewordene Stelle hockt. Der Schlüssel diese Spiels liegt im raschen und häufigen Wechsel der Jäger. Auf schnelles Laufen kommt es weniger an als auf gute Reflexe. Ist der Hase erwischt, hockt er sich an das eine Ende der Reihe. Der erfolgreiche Jäger wird der neue Hase, und der Spieler am anderen Ende beginnt als erster Jäger die nächste Runde.

Abschlussplenum

Lied Ein jeder kann kommen, *Liederbuch für die Jugend, Nr. 512*

Für jeden machen wir die Türen auf! Also für euch war heute die Tür vom Gemeindehaus offen. Schön, dass ihr alle dabei wart.
Bei Jesus sind Kinder, Erwachsene, Alte, Junge, Frauen und Männer – alle willkommen. Gottes Segen reicht für alle. Das ist eine super Nachricht.
Wir wollen deshalb Gott um seinen Segen für jedes Kind und alle Mitarbeitenden hier bitten.

Abschlusslied mit Segen

Gott, dein guter Segen, *Liederbuch für die Jugend, Nr. 382*

Einladung zu Gruppenangeboten bzw. zum nächsten KiBiTag.

Wüstenabenteuer auf Hagars Spuren

Beate Hofmann

KiBiTag zum Thema Gott lässt dich nicht allein - 1. Mose 21, 9-20

Vorüberlegungen

Hagar ist eine eher unbedeutende und wenig bekannte biblische Frau. Ihr Schicksal ist typisch für das einer Nomadenfrau und armen Magd. In dieser Erzählung begegnet uns der uralte, kulturelle Hintergrund der Abrahamsgeschichten. Abraham und seine Lebens- sowie Glaubensgeschichte ist Kindern bekannt. Doch die abenteuerliche und bewegende Geschichte von Hagar kaum. Warum lohnt es sich, dazu einen KiBiTag zu machen? Was ist die Botschaft, die aus dieser biblischen Erzählung für Kinder von heute wichtig ist?

In 1. Mose 21 geht es um die Geschichte eines Konkurrenzkampfes. Sarah, die kinderlose Frau Abrahams bekommt endlich den lang ersehnten Sohn. Sie nennen ihn Isaak (der kleine Lacher). Doch je älter Isaak wird, desto weniger ist die Situation im Abraham-Clan zum Lachen. Die Magd Hagar und ihre Herrin Sarah leben in erbitterter Rivalität. Davon ist schon vorher immer wieder die Rede im 1. Buch Mose. Hagar muss auf Drängen Sarahs mit Abraham ein Kind bekommen. So wird sie zur „Leihmutter" für den Nachwuchs Abrahams. Mit der Geburt von Isaak büßt ihr Sohn Ismael seinen Stand als Abrahams Erstgeborener ein und wird wohl eher zur Nummer zwei in der Rangfolge. Doch selbst das reicht Sarah nicht. Sie drängt Abraham, Hagar aus dem Familienverband zu verstoßen. Das ist bei Nomadenfamilien mit dem Tod gleichzusetzen. Hagar als Frau allein, ohne den Schutz der Sippe, ohne die Versorgung mit dem Lebensnotwendigen hat keine Chance zu überleben. Abraham weiß das und leidet schwer unter der Last des Streites und der Entscheidung.

Abraham schickt Hagar schweren Herzens mit ihrem Kind und einem Schlauch Wasser in die Wüste. Damit sind wir bei dem Bezug, der heutige Kinder ansprechen kann.

Hagar wird ausgeschlossen, ungerecht behandelt, fühlt sich wehrlos und geht hilflos. Ihr bleibt kein anderer Weg. Hier leidet jeder Mensch mit, der solche Behandlung in viel kleinerem Maß an sich erfahren musste. Gott war mit Abraham – wo war Gott bei Hagar? Ist Gott überhaupt gegenwärtig, wenn es Menschen schlecht geht? Wo ist Gott, wenn ich keinen Ausweg mehr sehe? Diese Frage geht uns heute wie damals nach.

In Psalm 146, 9 heißt es: „Der Herr beschützt die Fremden und verhilft den Waisen und Witwen zu ihrem Recht." Diese Gotteserfahrung verkörpert die Geschichte von Hagar. Sie nennt Gott „Du bist der Gott, der mich anschaut", 1. Mose 16, 13. Das bedeutet, Gott nimmt mich wahr. Ich bin ihm nicht egal, selbst wenn ich unbedeutend, jung, arm oder in den Augen anderer Leute wertlos bin. Gott übersieht mich nicht! Welch gute Nachricht für Kinder (und Erwachsene) heute.

Ismael bedeutet übersetzt „Gott hört" und dieser Name ist Programm. Gott hört auch das Schreien des Kindes. Er greift ein, als sich die Mutter schon aufgegeben hat. Hagar kann das Sterben ihres Kindes nicht mit ansehen als sie völlig ermattet vom Umherirren in der Wüste im Sand kauert. Doch dann hört Gott. Sein Bote öffnet Hagar die Augen. Hagar kann durch Gottes Hilfe selbst den Weg zum Brunnen finden, der sie rettet. Gott „beamt" keine rettende Wasserstelle vor Hagar hin, sondern er schenkt Kraft, das Leben selbst in die Hand zu nehmen.

Das ist das eigentliche Wunder der Geschichte von Hagar. Gott ist da, er will uns die Augen öffnen. Wir müssen aber selbst aufstehen und zum Wasser gehen. Diese Botschaft bedeutet für Kinder, du wirst Schwierigkeiten erleben und vielleicht Angst haben, aber Gott ist mit dir. Gott kann dir die Kraft geben, etwas zu verändern. Gott will dir die Augen öffnen, dass du siehst, was dir gut tut. Es gibt „Brunnen" in der Lebenswüste.

Für den KiBiTag bietet sich die Wüstenthematik als Gestaltungs-, Spiel-, und Erfahrungsraum an. Die Erzählpantomime soll anschauliches Erzählen, wenig Rollentexte und Spannung für die Kinder verbinden. Wie immer empfehle ich, die Anregungen unbedingt auf eigene Verhältnisse in der Gemeinde abzustimmen.

Ablauf des KiBiTages in Kurzform

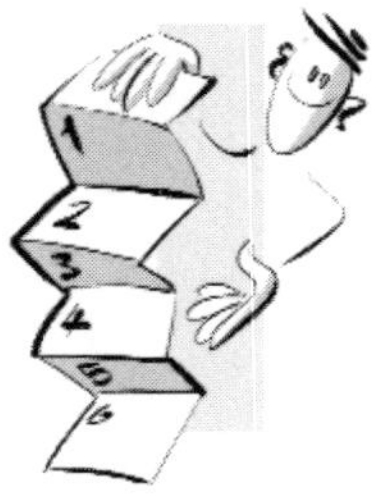

9.00 Treff Mitarbeitende

9.50 „Check in“, Willkommen für Kinder

10.00 Start mit Plenum

- Begrüßung, Witz, Handpuppe
- Lieder zum Mitmachen und Ankommen
- Eingangsliturgie und Hinführung zum Thema (Montagsmaler, Kamelreise)
- szenische Erzählung: Wüste, Erlebnisse der Maus Benni

10.30 Einteilung in Altersgruppen/Kleingruppen

10.45 Altersgruppen

- Kennenlern- oder Eingangsspiel
- Vertiefung der Geschichte mit der Rose von Jericho
- kleiner Imbiss/Vesper
- kreative Gestaltung/Einzel- oder Gemeinschaftsarbeit
- Spiel, Spaß, Bastelidee

12.00 Abschlussplenum

- Vorstellung von Beiträgen aus Altersgruppen
- Segensgebet
- Lieder

12.15 Schluss (kann max. bis 12.30 ausgedehnt werden)

12.30 Gemeinsames Essen, Genießen und Auswerten der Aktion mit Mitarbeitenden

Materialbedarf

- *Bühne:* gelbe Tücher, Brunnen, Lederschlauch oder Krug, Verkleidung für Hagar und Ismael
- *Lieder:* Mikro, Tageslichtprojektor
- *Imbiss:* Fladenbrote, Weintrauben, Käsewürfel oder Früchtespieße, getrocknete Früchte, Wasser

- *Sandbild:* feiner, farbiger Sand, doppelseitiges Klebeband, Bastelmesser (Cutter), DIN A6 Karten als Basis
- *Gespräch:* Pflanze „Rose von Jericho“ erhältlich in Markthallen, christlichen Läden oder beim Verlag Junge Gemeinde, Leinfelden-Echterdingen; flache Schale, Krug mit (heißem) Wasser, Tuch zur Bodendeko
- *Nomadenbeutel:* Tuch ca. 40 cm Durchmesser für jedes Kind, Scheren, Geschenkband ca. 2 cm breit, evtl. Stoffmalstifte zum Verzieren
- *Lieder:* Gott, dein guter Segen, (s. S. 76)
  Gott sagt uns immer wieder, *Liederbuch für die Jugend, Nr. 542*
  Hab ne Tante aus Marokko, *Jungscharlieder, Nr. 177*
  Aramsamsam, *Jungscharlieder, Nr. 180.10*
  Tief in der Sahara, *Jungscharlieder, Nr. 188*
  Von oben und von unten, *Du bist Herr für Kids 2*

Ablauf Schritt für Schritt

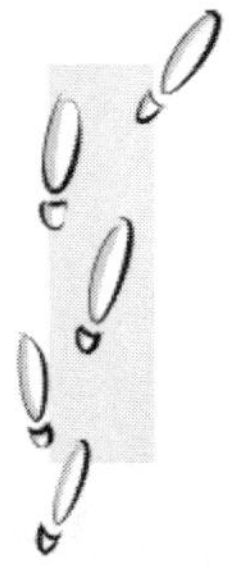

Vorbereitung Mitarbeitende

- Anspiel vorbereiten, Bühne (Wüste aufbauen, Brunnen etwas versteckt hinter Pflanze oder angedeutetem Felsen), Spotlight (Beleuchtung), Mikrophone testen
- Tisch mit Namensliste, Empfangsbereich mit Ablaufplan, evtl. Stehtische mit Kaffee/Kekse für die Eltern, Infomaterial zur Gemeindearbeit, Büchertisch?
- Vesper organisieren und in Plastikkörben für Kleingruppen vorbereiten
- Technik für Liedprojektionen/Folien/Beamer/Liederbücher
- Musik/Band, Lieder proben, seitlich aufbauen, damit „Bühne“ bespielbar ist
- Deko (Palmen, gespannte Leine mit ausgeschnittenen Buchstaben „Wüstenabenteuer“, bunte Tücher, angedeutetes Nomadenzelt – je nach Lust und vorhandenem Material)
- Bastelmaterial etc. in Gruppenräumen bereits vorbereiten

Start mit allen

Begrüßung siehe „Liturgiebausteine“ (S. 10)

Thema vorstellen

Moderator: Super, dass ihr gekommen seid. Heißes Thema, was wir heute haben. Es geht um die Wüste. Wüste Abenteuer habt ihr sicher alle schon mal erlebt, aber Abenteuer in der Wüste? Das ist echt selten. War schon mal jemand in der echten Wüste? *(evtl. kurz erzählen lassen)* Marokko liegt zum Beispiel am Rand der Wüste in Afrika. Wenn Besuch von dort kommt, dann ist alles ganz anders.

Lied Hab ne Tante aus Marokko (mit Bewegungen!), *Jungscharlieder, Nr. 177*

Spiel – Was gibt es denn alles in der Wüste?

Spiel mit allen – Montagsmaler mit Pantomime – vor einem Tuch werden verschiedene Gegenstände bzw. Zettel mit Begriffen hoch gehalten. Die zwei ratenden Kinder können so nicht sehen worum es geht. Die Begriffe werden von allen Kindern im Raum pantomimisch dargestellt, vorne müssen zwei Kinder die Begriffe raten.

- Palme
- Kaktus
- Sand (Dünen)
- Kamel

M: Kamele, das ist unser Wüstenstichwort. Wir wollen eine kleine Kamelreise machen.

Kamelreise

Eine Person spielt vorne alles vor, Kinder ahmen an ihrem Platz die Bewegungen nach, zum Schluss müssen alle Bewegungen schnell in umgedrehter Reihenfolge gemacht werden. (Viel Spaß, viel Bewegung, gut, um anschließend Ruhe für eine Geschichte zu haben und ins Thema zu finden.)

M: Ich setze mich jetzt ganz gemütlich auf mein Kamel. Damit ihr nicht runterfallt, müsst ihr den Fuß vor dem Höcker überkreuzen. *(rechtes Bein auf Oberschenkel des linken Beines überkreuzen)*

M: Sitzt ihr bequem? Dann geht es los!
Nehmt den Zügel ganz locker in die linke Hand und wir reiten los. *(dabei auf dem Stuhl locker auf und ab bewegen, imaginären Zügel in der Hand und ein Bein über das andere geschlagen – ist ziemlich schwierig und lustig)*

M: Wir reiten über Felsen, das heißt, es schaukelt uns ziemlich durch. *(vormachen)*

M: Jetzt drängt sich ein Wildesel in unseren Weg. Wir scheuchen ihn mit einer deutlichen Bewegung der rechten Hand weg und rufen laut „Hau ab!" *(vormachen – Kinder machen immer alles nach bzw. mit)*

M: Dann kommt ein Graben und unser Kamel macht einen kühnen Sprung. Hopp! Und nochmal Hopp!
(dabei vom Stuhl leicht hochhüpfen)

M: Beinahe wäre ich runtergefallen, aber es geht gerade noch. Ich setze mich wieder gerade auf mein Kamel und da begegne ich einem anderen Reiter. Freundlich grüße ich „Salam!" *(weit ausholende Bewegung mit der rechten Hand)*

M: Ich reite noch ein Stückchen weiter, doch plötzlich hat mein Kamel genug. Es riecht Wasser, dreht um und rennt so schnell es kann den ganzen Weg zurück.

Jetzt muss man sich konzentrieren, denn alle Bewegungen werden in der umgekehrten Reihenfolge wiederholt. *(Gruß Salam, Hopp, Hopp, Hau ab, schaukeln über Felsen und Zieleinlauf!)*

GESCHICHTE/szenische Erzählung

Hagar – aus der Sicht der Wüstenmaus

Es spielen **die Maus** und **Hagar** (der Maustext kann notfalls auch gelesen werden).

Maus: *(Person ist als Maus geschminkt – grau oder braun angezogen, Pappohren, Schminkgesicht oder Erzählung mit Handpuppe, die hinter einem Felsen hervorschaut)*

Ich bin Benni, die Wüstenmaus. Ich bin die kleinste unter uns Wüstenmäusen, aber manchmal hat das wirklich Vorteile. Vor allem in unserer kargen und felsigen Wüste. Hier ist es tagsüber glühend heiß. Nur trockene Sträucher wie dieser dornige Busch dort spenden etwas Schatten. Nachts ist es klapperkalt! Bin ich froh, dass ich so klein bin und dann in unseren gemütlichen Mäusebau schlüpfen kann.

Die Menschen haben es viel schwerer. Für euch wäre so eine Felswüste das Letzte. Es gibt keine Wanderwege, keinen Bäcker an der Ecke, keine Wiese zum Fußball spielen und vor allem kein Wasser. Sonne und Wärme ist prima, aber ohne einen See in der Nähe wird das ganz schnell anstrengend. Da läuft einem nur so

der Schweiß ins Gesicht wie neulich dieser Frau.
Ich sitze unterm Dornbusch, als ich Schritte höre. Na so was? Mitten in unserer Einöde Schritte? Die nächsten Hirtenlager und Zelte der Nomaden sind meilenweit entfernt. Wenn jetzt jemand kommt, dann muss er schon zeitig morgens los gelaufen sein oder er hat sich verlaufen.
Und dann sehe ich, es ist gar kein „er", es ist eine „sie". Eine Frau und noch dazu mit einem kleinen Kind im Tragtuch.

Hagar kommt, wischt sich den Schweiß von der Stirn und legt das Bündel mit dem Kind vorsichtig neben sich.

Maus: Du liebe Zeit, das ist aber anstrengend! Die Frau muss am Ende ihrer Kräfte sein. Sie setzt sich direkt neben meinen Busch, wohl um etwas Schatten für ihr Kind zu haben. Dann schlägt sie ihr kleines Essensbündel auf. Prima, denke ich, da fällt für mich auch was zu essen ab. Aber die Frau sammelt die kleinsten Krümel zusammen und gibt sie ihrem Kind.
(Pantomimisch spielen – ohne Worte)
Mensch, müssen die einen Hunger haben. Ich schleiche mich noch ein wenig näher und höre die Frau reden. Hier in der Wüste ist es so still, so absolut ruhig, da reden die Menschen gerne mit sich selbst. Es hört sie ja sonst niemand. Na, an mich denkt dabei keiner. Also die Frau redet laut und es klingt ziemlich verzweifelt.

Hagar: Ach Gott, nun bin ich schon seit dem frühen Morgen unterwegs. „Hagar, nimm das Brot und den Wasserschlauch. Du musst gehen", so hat mich Abraham, mein Herr, heute früh los geschickt. Mit mir kann man das machen. Ich bin ja nur Hagar, die Magd. Als Sklavin von Sarah war ich gut genug, ein Kind mit Abraham zu bekommen. Ismael, mein Junge ist genauso ein Sohn Abrahams wie Isaak. Doch seit Sarah, Abrahams Frau, Isaak geboren hat, gibt es nur noch Streit. Ach Gott, warum schickt mich Abraham in die Wüste? Wie können wir überleben nur mit diesem Wasserkrug und etwas Fladenbrot? Gott, hast du uns auch allein gelassen?

Maus: Ach du liebe Zeit! Habt ihr es auch kapiert? Da gab es Streit in der Nomadenfamilie und nun muss Hagar sehen, wie sie alleine klar kommt. Ich befürchte Schlimmes! Das kleine Kind kann ja schon gar nicht mehr schreien. Vor lauter Durst ist ihm sicher der

Mund ganz ausgetrocknet. Wenn nicht bald was geschieht, dann verdursten die beiden. Jetzt steht Hagar auf. Will sie weiterlaufen?

Hagar: *(steht auf, dann kauert sie sich vorne hin und betet laut)* Gott, Abraham hat so oft zu dir gebetet. Erhörst du auch mich, eine einsame, verzweifelte Frau? Ich brauche deine Hilfe, Gott. Ich kann nicht mit ansehen, wie mein Kind verdurstet. Was soll ich nur machen? Bitte Gott, hilf uns doch!

Maus: Ich wünschte, ich könnte helfen. Das ist doch zum Verzweifeln! Hoppla, was ist jetzt? Hagar steht auf. Sie sieht aus, als ob ihr plötzlich etwas klar geworden wäre. He, sie läuft zu ihrem Kind und faltet das Tuch mit den Bröseln zusammen. Es kommt mir vor, als hätte sie Kraft getankt. Ich glaube, sie hat einen Plan im Kopf. Na so was! Hat Gott zu Hagar gesprochen? Ich habe nichts gehört, aber es kann gar nicht anders sein.

Hagar: Klar, das ist es. Wieso bin ich nicht früher darauf gekommen. Der Steinhaufen vorhin am Weg, das muss eine verdeckte Wasserstelle für die Karawanen sein. Dort finde ich sicher Wasser. Und wo Wasser ist, dort ist Leben! Da kommen irgendwann Menschen vorbei. Gott hat mir die Augen geöffnet. Ismael, wir werden leben! *(Hagar nimmt ihr Kind auf den Arm und dreht sich im Kreis vor Freude)* Gott ist mit uns. Gott war nur ein Gebet weit entfernt!

Hagar geht, die Maus kommt nach vorne und redet zu den Kindern.

Maus: Gott ist nur ein Gebet weit entfernt? Das muss ich mir merken. Das heißt, Gott ist mit mir und dir und dir und dir … *(zeigt auf die Kinder und verlässt dabei langsam die Bühne)*

M: Mensch, war das eine aufregende, wüste Geschichte! In der Bibel steht, dass Hagar und Ismael später wirklich ein anderes Wüstenvolk fanden, bei dem sie wohnen konnten. Ismael wurde ein bekannter Jäger und Gott war mit ihm. Gut, dass Gott auch bei den Menschen ist, die schwach und hilflos sind so wie Hagar und Ismael damals in der Wüste.

Lied Gott sagt uns immer wieder, *Liederbuch für die Jugend, Nr. 542*

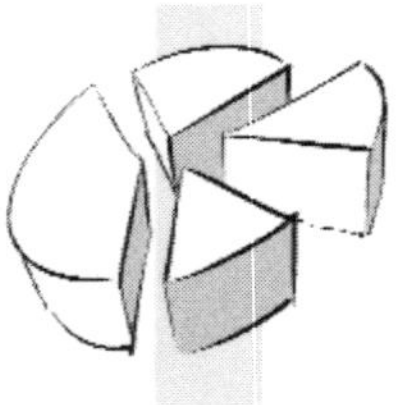

Kennenlernspiel/ Eingangsspiel

Bewegungsspiel: Gruppe in zwei Untergruppen aufteilen. Raummitte durch Kreppband teilen. Jede Seite bekommt 5 Bogen Zeitungspapier und knüllt daraus Bälle. Dann werden auf der gegnerischen Seite Personen damit abgeworfen. Wer getroffen wurde, muss sich kurz mit Name und Alter vorstellen.

Kreisspiel: Eine Person in der Mitte stellt eine Frage, die auf mehrere Kinder zutreffen kann. Diese tauschen nun schnell die Plätze. Die Person aus der Mitte versucht, einen Platz zu ergattern. Wer übrig ist, muss die nächste Frage stellen.

Z.B. Wer hat schon mal ein echtes Kamel gesehen?
Wer hat im April Geburtstag?

Gespräch/kreative Fortführung zur Auswahl

Im Kreis liegt eine dunkle Decke, darauf steht eine Schale mit einer vertrockneten Pflanze (Rose von Jericho). Ein Krug mit heißem Wasser ist vorbereitet.

Die Kinder und Mitarbeitenden setzen sich in einen Kreis. Ein Mitarbeitender stellt die Rose von Jericho so vor:

Das hier ist eine echte Wüstenpflanze. Man nennt sie Rose von Jericho. Sicher haben auch Hagar und Abraham diese Pflanze gekannt. Sie sieht völlig vertrocknet aus. Keine Wurzeln mehr, die Halt im Boden finden. Die Blätter sind nach innen gerollt, als wollten sie sich von der Welt abwenden.

So ähnlich hat sich Hagar gefühlt, als sie allein in die Wüste ziehen musste. So ähnlich fühle ich mich manchmal auch, wenn mich Freunde allein lassen oder wenn ich Streit mit jemandem hatte.

Wir wollen die Pflanze jetzt im Kreis herum gehen lassen. Ihr dürft sie befühlen. Bitte seid ganz behutsam mit ihr, damit die trockenen Blätter nicht abbrechen. Man darf sie nicht mit Gewalt öffnen. Wer mag, kann etwas von sich erzählen, wenn er die Pflanze in der Hand hält.

Wo ging es dir schon mal so, dass du dich allein gelassen, am Rand stehend oder innerlich wie ausgetrocknet gefühlt hast?
Wer nichts sagen möchte, der darf die Rose still befühlen und dann an seinen Nachbarn oder seine Nachbarin weitergeben.

Fühlrunde/Gesprächsrunde
Hilfreich ist es, als Mitarbeiter zu beginnen, etwas Persönliches zu erzählen und dann die Pflanze weiterzugeben. Zum Schluss wird die Pflanze in die Schale in der Mitte gelegt. Hagar hat neue Kraft bekommen. Wodurch ist das geschehen? Was hat ihr die Augen geöffnet?

Das Gebet zu Gott ist wie eine Lebensquelle. Man kann dadurch Kraft schöpfen, zuversichtlicher werden und neu anfangen.

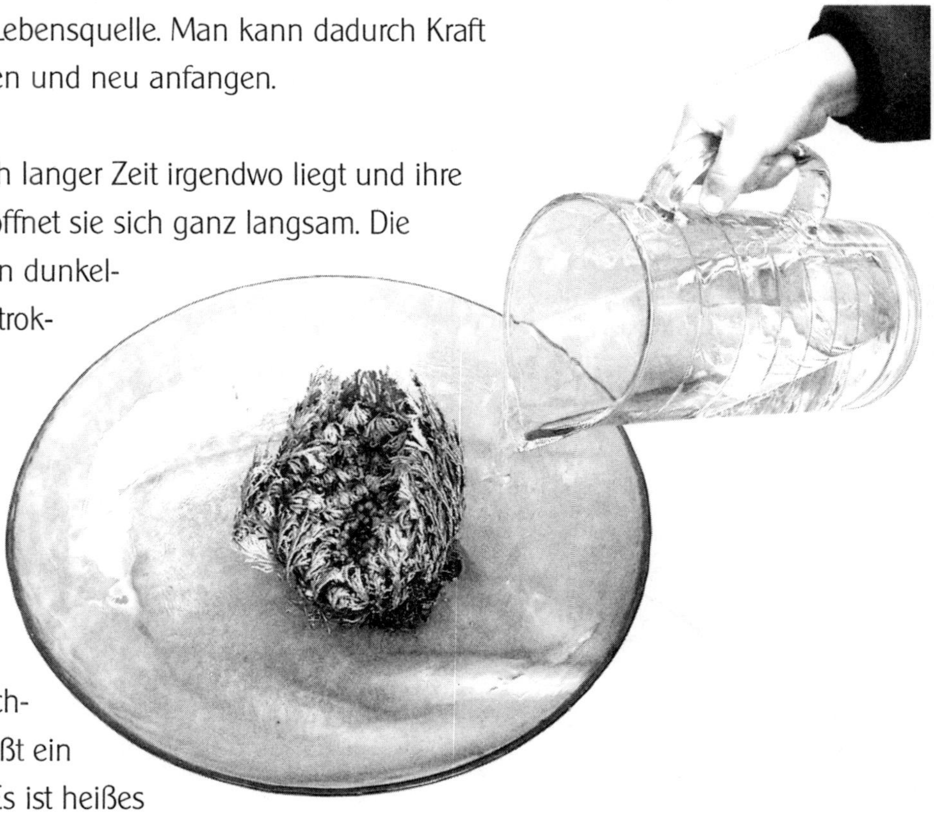

Wenn die Rose von Jericho nach langer Zeit irgendwo liegt und ihre Wurzeln Wasser spüren, dann öffnet sie sich ganz langsam. Die Farnblätter entrollen sich, werden dunkelgrün und sehen nicht mehr vertrokknet aus.

Wir wollen jetzt Wasser in kleinen Portionen auf die Pflanze gießen und uns dabei mutmachende, gute Worte oder Wünsche oder Gebete sagen.
Wer von euch etwas sagen möchte, der nimmt den Krug und gießt ein wenig Wasser auf die Pflanze. Es ist heißes Wasser, damit öffnet sich der Farn schneller und wir können es besser beobachten.

Mitarbeitende machen es vor z.B.: Ich wünsche dir, dass du immer den Mut hast, zu Gott zu beten, und dass du seine Kraft spüren kannst.

Weitere Themen, die sich zur Geschichte mit Hagar anbieten:
- Gott öffnet die Augen, damit wir selbst eine Lösung finden.
- Beten heißt nicht einfach abwarten, Gott wird schon machen. Sondern Beten meint tiefes Vertrauen, dass Gott mir nahe ist und es eine Lösung für mein Problem geben wird.

- Gott ist auch den Schwachen nahe, denen, die am Rand sind. Vor Gott muss man nicht toll dastehen, um gehört zu werden.
- Wie können wir beten? Für ältere Kids könnte man hier eine Gebetskartei gestalten. Das heißt, Gebete für alle möglichen Situationen formulieren (Schule/Freunde/Elternhaus/Sport/Gesundheit ...). Jeweils eine kleine Karteikarte aus farbigem Tonkarton mit einem kurzen Gebet beschriften, eventuell ein Symbol dazu malen oder verzieren. Karten dann in einem schönen, kleinen Karton sammeln und bei einem nächsten Treff in der Gruppe 3-5 Gebete ziehen und vorlesen.

Gemeinsames Essen

Hier bietet es sich an, Fladenbrot zu teilen und getrocknetes Obst (Feigen, Trauben, Aprikosen) sowie Schafskäse oder überhaupt Käse dazu zu essen.

Kreatives

Nomadenvesperbeutel

Wie Hagar kann man einen Nomadenvesperbeutel basteln und danach mit dem Beutel hinausgehen, um gemeinsam im Freien zu essen. Der ausgebreitete flache Lederbeutel war bei den Nomaden gleichzeitig der Tisch. Wir nehmen Stoff für unseren Beutel. Diener breiteten den „Tisch" auf dem Boden aus, wie eine Picknickdecke. Am Außenrand hatte das Tischtuch Schlitze, durch die man ein Band zog. Wenn die Familie mit dem Essen fertig war, so wurde der „Tisch" blitzschnell mit einem Zug am Band zu einem großen Beutel, in dem man auch noch die Reste des Essens aufheben konnte.

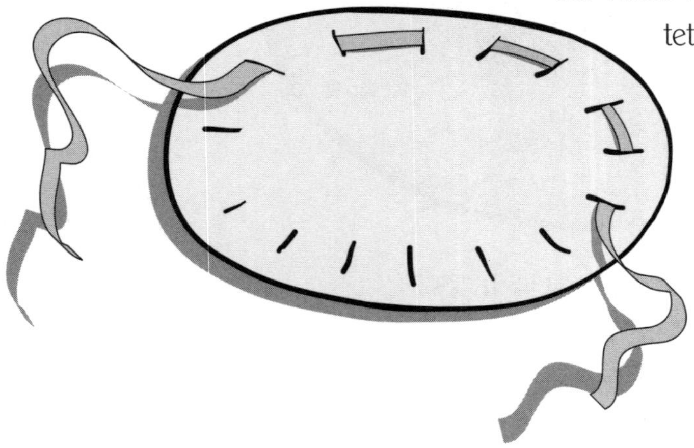

Material:

- für jedes Kind ein **Stück Stoff**, das kreisförmig geschnitten wird und ca. 40 cm Durchmesser haben sollte
- **Schere, Eddingstift**, 2 cm breites **Geschenkband**

Das Tuch als Kreis schneiden, dann am äußeren Rand strahlenförmige Schlitze von 3 cm Länge einschneiden (unbedingt Abstand zum Rand lassen 1-3 cm).

Das Geschenkband locker durch alle Schlitze fädeln.
Flach ausgebreitet entsteht ein Tuch. Am Band gezogen wird es ein Beutel, den man füllen und je nach Vermögen auch mit Stoffmalstiften verzieren kann.

Sandbilder

(Umgang mit Bastelmessern – für Ältere geeignet bzw. genug Mitarbeiter zur Hilfe dabei haben)

Material:

- **Feinen Sand** entweder gefärbt im Bastelbedarf kaufen oder selbst 3 Tage vorher mit Wasserfarben in verschiedenen Farben einfärben.
- **Karten DIN A6 aus Fotokarton** schneiden und komplett mit **doppelseitigem Klebeband** bekleben.

Jedes Kind erhält ein Bastelmesser und ritzt Motive (z. B. Sonne) auf das Klebeband. Die obere Seite wird nun abgezogen und nur dieses Motiv mit dem gewünschten Sand bestreut. Danach Sand abklopfen in Behälter und nächstes Motiv freiritzen. So entsteht wie bei einem Mosaik Stück für Stück das Bild, bis zum Schluss das ganze Klebeband abgezogen ist.

Abschlussplenum

Lieder Aramsamsam, *Jungscharlieder, Nr. 180.10;* oder
Tief in der Sahara, *Jungscharlieder, Nr. 188*

Bastelideen zeigen und Altersgruppen zusammenführen.
Schön, dass ihr heute hier beim KiBiTag dabei wart. Wir haben gehört und gesehen, wie Gott mit Hagar war und wir dürfen wissen, Gott ist bei jedem von uns dabei.
Er behütet dich von oben und von unten, von vorne und von hinten.

Lied Von oben und von unten, *Du bist Herr für Kids 2, Nr. 200*
Gemeinsames Gebet mit allen Kindern, evtl. Gebetskärtchen der Altersgruppe nutzen.

Abschlusslied mit Segen Gott, dein guter Segen, S. 76

Einladung zu Gruppenangeboten bzw. zum nächsten KiBiTag.

Mit allen Sinnen – ganz Ohr

Martin Schmid

KiBiTag zum Thema Jesus heilt den Taubstummen – Markus 7, 31-37

Vorüberlegungen

Dass wir in Gruppen und bei Kinderbibeltagen bei der Programmgestaltung und beim Vermitteln biblischer Geschichten möglichst viele Sinne ansprechen und dabei viel Phantasie ins Spiel bringen, ist inzwischen (fast) selbstverständlich. Es lohnt sich, immer wieder einzelne Sinne bewusst einzusetzen und damit Entdeckungen und Erfahrungen zu machen.

Viele Kinder (und natürlich auch wir Erwachsenen) verlieren durch die Reizüberflutung das Gespür für die Wahrnehmung unserer Umwelt.

Dieser Kinderbibeltag hat verschiedene Ziele und bietet verschiedene Chancen:

- Die Sinne sind uns von Gott geschenkt. Es sind wichtige Werkzeuge, um leben zu können.
- So können wir die Welt, in der wir leben entdecken und für andere hilfreich sein.
- Die Kinder sollen ganz neu über die Schöpfung ins Staunen kommen und darüber was sie mit ihren Sinnen machen können.
- Es geht besonders um die Wahrnehmung der kleinen Dinge.
- Die Kinder sollen entdecken, dass wir mit unseren Sinnen Gutes tun können oder auch Böses.
- Sie sollen erleben und sich einfühlen in Menschen, die z. B. nicht hören oder nicht sehen können.

Mit allen Sinnen können wir glauben und biblische Geschichten entdecken. Be-Greifen schließt den ganzen Menschen ein. Was unserem Leben Sinn gibt, wird über die Sinne vermittelt. Ohne sinnliche Zugänge gibt es keine Betroffenheit, kein Fragen, kein Denken, keine Begegnung.

„Wenn du Gott erfahren willst, öffne deine Sinne. Gott zeigt sich uns und spricht zu uns. Er lässt sich betasten, riechen und schmecken.“ (Anselm Grün)

„Ganz Ohr"

An diesem Kinderbibeltag sollen die Ohren und das Hören im Mittelpunkt stehen. Dabei gibt es eine Besonderheit, die schon mehrfach erprobt worden ist. Nach dem gemeinsamen Start im Plenum (mit der Begrüßung, der Eingangsliturgie) und vor der biblischen Geschichte gibt es einen „Parcours der Sinne" zum Hören. Das macht Kindern sehr viel Spaß und motiviert sie ganz anders für den Inhalt der Theaterszene und die Kleingruppen.

„Ganz Ohr"

Die biblische Geschichte von der Heilung eines Taubstummen macht deutlich, wie Jesus einen Menschen aus den Ängsten vor seinen Mitmenschen, seiner Umwelt befreit, die ihm hin und wieder lebensbedrohlich zusetzen und ihn in die Einsamkeit und Isolation treiben.
Manche Kinder sind in gewisser Weise auch „taub" und „stumm". Sie sind eingeschüchtert, ja eingesperrt, haben wenig Selbstvertrauen und tun sich schwer auf andere zuzugehen. „Effata, öffne dich", sagt Jesus zum Taubstummen. Dass verschlossene Kinder sich trauen, sich füreinander und für Gott an diesem Tag öffnen, könnte der Wunsch und das Gebet der Mitarbeitenden sein.

„Ganz Ohr"

Es wäre zu kurz gegriffen, dieses Thema nur im Blick auf die Sensibilisierung der Kinder zu sehen. „Ganz Ohr sein", das könnte, nein, das sollte auch die Haltung der Mitarbeitenden im Umgang mit den Kindern an diesem Tag sein:

- Auf die hören, die nicht viel zu sagen haben.
- Sich Zeit für einzelne Kinder nehmen.
- In der Kleingruppe aufeinander hören lernen.
- Die Kinder erzählen lassen und ihnen ganz bewusst zuhören.
  Ihnen antworten auf das, was sie wirklich fragen und wissen wollen.
- Warum sind die Kinder laut? Wie gelingt es uns, dass die Kinder uns zuhören, wenn wir etwas sagen wollen? Wie setzen wir uns durch?

„Besser zehnmal hören, als einmal sprechen"
„Es hören nicht alle, die Ohren haben"
„Die Natur gab uns zwei Ohren, zwei Augen, aber nur eine Zunge, damit wir mehr hören und sehen als sprechen"

(Sprichwörter)

Ablauf des KiBiTages in Kurzform

9.00 **Treffen der Mitarbeitenden** (Parcours der Sinne aufbauen)

9.50 **Ankommen der Kinder, Namensschilder**

10.00 **Start mit Plenum**

- Begrüßung
- Lieder zum Mitmachen und Ankommen
- Eingangsliturgie, Hinführung zum Thema mit Handpuppe

10.10 **„Parcours der Sinne“** (Dauer ca. 20 Min.)

10.30 **Lied zum Sammeln der Kinder**
Erzählpantomime zur Heilung des Taubstummen (Markus. 7, 31-37)

10.50 **Einteilung in Kleingruppen**

11.00 **Altersgruppen**

- Vertiefung der biblischen Geschichte
- Spiele, Kennenlernspiel/Bewegungsspiel
- kleiner Imbiss

12.00 **Abschluss im Plenum**

- Eventuell Ergebnisse aus den Kleingruppen
- „Gott gab uns Atem“ – Lied mit Beteiligung der Kinder
- Segensgebet

12.15 **Schluss**

12.30 **Auswertung der Aktion und der Erfahrungen, gemeinsames Essen**

Materialbedarf

- *Hinführung:* Handpuppe
- *Namensschilder:* großes Ohr auf Tonpapier kopiert, gelocht mit Wollfaden, verschiedene Farben für die Altersgruppen
- *Erzählpantomime:* Erzähler, Pantomimespieler (4), weitere für das Volk, einfache Gewänder, Ball
- *Parcours der Sinne:* Schilder für die einzelnen Stationen
- *Spiele:* Material für die Kleingruppen entsprechend der ausgewählten Spiele
- *Imbiss*
- *Lieder:* Gott gab uns Atem, damit wir Leben, *Liederbuch für die Jugend, Nr. 24*; Gib uns Ohren, die hören, S. 63
- *Abschluss:* ein Tuch, große Kerze, Blumenstrauß/Pflanze

Ablauf Schritt für Schritt

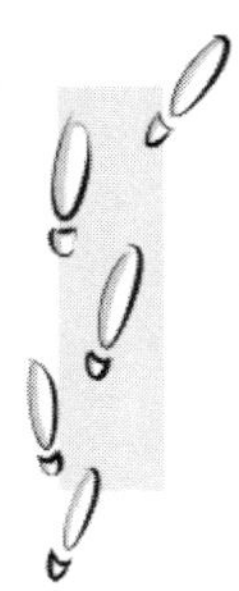

Vorbereitung der Mitarbeitenden

- Erzählpantomime mehrmals durchspielen, um sich in die Rollen einzufühlen. Wichtig: Gut und langsam lesen. Die Abstimmung zwischen Erzähler und Darsteller muss stimmen.
- Tisch mit Namensliste, Namensschilder
- Imbiss und Getränke
- Technik für Liedprojektion ausprobieren, Mikrophontest
- Aufbau der Stationen für den „Parcours der Sinne" (im Saal/Foyer), eventuell Laufzettel und Klebepunkte
- Material für die Kleingruppen in den Gruppenräumen

Start mit allen

Begrüßung siehe „Liturgiebausteine" (S. 10)

Thema vorstellen

Moderator mit Handpuppe Billi (B)

M: Hallo Kids, super, dass ihr da seid. Wir fangen gleich an. Billi hat sich dazu eine kleine Begrüßung überlegt. Wo bleibt sie nur? *(läuft genervt hin und her, hält Ausschau)*
Billi? Billi! Kinder rufen nach Aufforderung mit.

Billi wird auf den Arm genommen, fuchtelt im Takt mit den Händen und hat einen Kopfhörer auf.

M: Billi!!!

B: *(nimmt den Kopfhörer ab)* Hallöchen, hast du mich aber erschreckt! Schrei mich doch nicht so an. Ich bin doch nicht taub!

M: Na, das kam mir aber anders vor. Wir versuchen schon die ganze Zeit, dich zu erreichen. Aber du warst ja in einer anderen Welt.

B: Hier bin ich. Hi Kids! Superspitzenmegasonderklasse, dass ihr heute hier seid!

M: Ja, prima! Billi, sagst du noch was zu unserem Thema heute?

B: Wow, der dort in der dritten Reihe sieht ja super aus! Der macht bestimmt jedes Abenteuer mit, klasse Typ.

M: Billi!

B: *(winkt dem „Typ" zu und sagt nur halbherzig zum Moderator)*
Hm, ist was?

M: *(wird ziemlich ungehalten)* Billi! Das Thema!!!

B: Wie? Was? Momentchen, auf dem Ohr war ich gerade taub!

M: Ich geb's auf. Aber wenigstens die entscheidenden Stichworte hat sie uns geliefert. Ohr und taub. Dazu gibt es heute eine spannende biblische Geschichte und damit wir uns auf das Thema einstimmen können, haben wir für euch einen Stationenlauf aufgebaut. Dabei geht es darum, genau hinzuhören.

„Parcours der Sinne"

Für jeden und jede von euch gibt es einen Stationenzettel, damit ihr seht, was man alles machen kann. Es geht nicht um die Wette, sondern darum, an den Stationen etwas zu entdecken. Ihr sucht aus, zu welcher Station ihr gehen wollt. In 20 Minuten werde ich läuten und dann treffen wir uns alle wieder hier.

Überall im Raum (Saal, evtl. in Nebenräumen) sind die Stationen verteilt (keine zu großen Entfernungen). Jeder Mitarbeitende ist für eine Station verantwortlich. Hier sind viele Mitarbeitende sehr kreativ und haben über die vorgestellten Möglichkeiten hinaus sicher noch weitere gute Ideen

und Einfälle. Es geht bei dem Parcours nicht um Leistung und Perfektion. Der Parcours soll einfach Spaß machen.
Die Kinder wählen frei aus. Sie können die Aufgaben entweder einzeln oder in kleinen Gruppen lösen. Damit möglichst alle an den Stationen zum Zug kommen, bietet sich ein kleiner Laufzettel mit den Stationen an. Wer eine Station gemacht hat, bekommt einen Klebepunkt.

Stationen:

- **Schnurtelefon** (zwei Joghurtbecher oder Blechdosen mit einem Loch im Boden, durch eine 4-5 Meter lange Schnur verbunden)
  Auf der einen Seite spricht jemand in den Becher. Der andere hört.
- **Geräusche raten** (Geräusche CD, CD-Player oder hinter einem Tuch Geräusche mit verschiedenen Materialien machen)
- **Von den Lippen Worte ablesen**
- **Geräusche-Memory** (ca. 20 Filmdosen, immer zwei werden mit demselben Material gefüllt: Sand, Reis, Nägel, Büroklammern, Linsen, Salz, Wasser …)
  Schütteln, hören und die passenden Paare herausfinden.
- **Fremde Sprachen** (Wo wird so gesprochen?) **und Melodien** (Aus welchem Land kommt das Lied?) **erraten**
- **Mit Geräuschen Musik machen** Gießkanne (blasen), Flasche mit Wasser (pfeifen), Weinglas mit Wasser (Finger nass machen und über den Rand fahren) …
- **Zungenbrecher** nachsprechen
  „In Ulm und um Ulm und um Ulm herum“
  „Fischers Fritz fischt frische Fische, frische Fische fischt Fischers Fritz.“
  „Blaukraut bleibt Blaukraut und Brautkleid bleibt Brautkleid.“
- **Glocke finden** (Glocke, Tuch)
  Es werden die Augen verbunden. Irgendwo klingelt eine Glocke (oder ein tickender Wecker). Dem Geräusch solange nachgehen, bis die Glocke gefunden wird. (Vorsicht: keine Stolperfallen!)
- **Stimmen erkennen**
  Das Kind wird mit verbundenen Augen zu einem Mitarbeitenden geführt. Dieser sagt etwas und verstellt die Stimme.

Lied Gott gab uns Atem, damit wir leben, *Liederbuch für die Jugend, Nr. 242*

Erzählpantomime „Heilung des Taubstummen" (Markus 7, 31-37)

Vorschlag zum Spielen: Die Szenen 1-3 nur erzählen und pantomimisch darstellen.
In der Szene 4 soll Joschi sprechen, um den Unterschied und die Heilung deutlicher zu machen: Er kann hören und reden.

1. Szene
Das ist Joschi. Er ist von Geburt an taub und stumm. Das Leben ist für ihn gar nicht einfach. Er hört nicht, wenn die Leute mit ihm reden und er kann nicht antworten.
Joschi geht eine Straße entlang. Andere Leute rufen ihn an. Er reagiert nicht.
Deshalb reden die meisten Leute nicht mehr mit ihm.
Joschi ist traurig und allein.
Manche Kinder ärgern ihn. Sie stellen ihm ein Bein oder bewerfen ihn mit Dingen.
Jemand stellt ihm ein Bein. Er stolpert. Andere reden laut und lachen ihn aus. Ein Kind trifft ihn mit einem Ball.
So ist es, seit Joschi denken kann und er kann sich auch nicht vorstellen, dass sich das einmal ändert.
Er setzt sich traurig irgendwo in eine Ecke. Die anderen lassen ihn in Ruhe.

2. Szene
Schaut, da kommen zwei Freunde *(zwei Freunde kommen)*. Sie helfen immer, wenn Joschi etwas braucht. Diesmal rufen sie etwas, während sie noch laufen. Joschi kann es nicht hören, aber alle anderen verstehen, dass Jesus in der Stadt ist. Die Freunde nehmen ihn an der Hand. Die Leute haben schon viel von diesem seltsamen Mann gehört und laufen zum Marktplatz.
Viele Leute laufen zu der Stelle, wo Jesus steht. Auch Joschi und seine beiden Freunde.
Joschi weiß gar nicht, was sie mit ihm vorhaben. Er hat Angst vor den vielen Menschen.

3. Szene
Die beiden Freunde drängen sich durch die Menge und bringen Joschi zu Jesus. Alle schauen gespannt zu. Was wird jetzt passieren? Jesus schaut Joschi an. Joschi schaut zurück. Was wird jetzt passieren? Jesus schaut Joschi genau an. Joschi schaut zurück. Er hat ein bisschen Angst, aber er weiß jetzt, weshalb seine Freunde ihn zu diesem Mann gebracht haben. Vielleicht kann der ihn heilen.

Jesus nimmt Joschi ein Stück zur Seite, so dass sie nicht mehr gesehen werden.
Jesus und Joschi sind ganz weg, nicht mehr zu sehen.
Die Leute reden aufgeregt durcheinander, sie fragen sich, was jetzt geschieht.

4. Szene
Da kommen Jesus und Joschi zurück. Die Leute hören auf zu reden und schauen auf die beiden. Joschi sieht sehr glücklich aus. Die Leute umringen ihn und fragen ihn, was passiert ist.
Joschi erzählt: „Ich bin ja so glücklich! Ich habe mein Leben neu geschenkt bekommen! Jesus meint es wirklich gut mit mir, er hat mich geheilt!"
Es ist unglaublich! Joschi kann reden! Er hat auch auf die Frage geantwortet, er kann also hören! Wie ist das nur möglich, fragen sich die Leute.

Joschi erzählt weiter: „Er hat seine Finger ganz vorsichtig in meine Ohren gelegt. Wie ein heilsamer Strom ist seine Wärme durch meine Ohren geflossen. Ich habe richtig gespürt, wie meine Ohren frei werden. Aber dann nahm er auch noch Speichel von sich und strich ihn auf meine Zunge. Er sagte: ‚Öffne dich!' und ich spürte, wie meine Zunge sich löste. Jetzt kann ich hören und sprechen. Mutlos war ich und bitter, Angst habe ich gehabt. Ich habe keinem Menschen mehr getraut. Ich wollte nicht noch einmal eine Enttäuschung erleben. Bei Jesus spürte ich: Von ihm geht viel Kraft aus. Und ich fühlte ganz deutlich: Da wird etwas frei. Jetzt muss ich nicht mehr voller Angst leben. Jetzt fängt ein neues Leben an. Und ich verdanke das ganz und gar Jesus."
Die Leute sind beeindruckt. Was dieser Jesus alles kann! „Das muss ich sofort meiner Schwester erzählen", sagt einer. „Ja", stimmt ein anderer zu, „in dem Dorf meines Schwiegervaters wohnt auch einer, der taub ist, vielleicht kann Jesus dem auch helfen." So reden die Leute.
Da tritt Jesus noch einmal vor die Leute und sagt „Erzählt nicht weiter, was hier geschehen ist". Die Leute wundern sich. Wieso denn nicht? Keiner weiß es.
Joschi sagt mit einer schüchternen Stimme: „Vielleicht will er das alles gar nicht, dass so viele Leute immer zu ihm kommen."

(Quelle: nach einer Erzählung von Birgit Rilling im Jungscharleiter 2/1996 „Mit allen Sinnen", bei buch & musik, Buchhandlung und Verlag des ejw, Stuttgart)

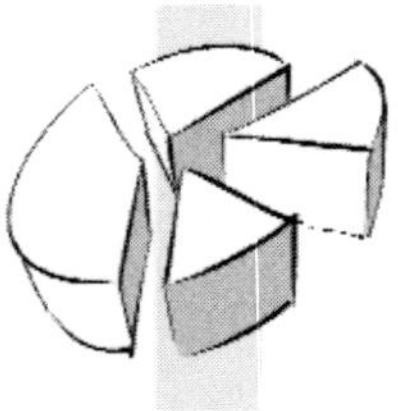

Kennenlernspiel/Eingangsspiel

Namens-Post

Alle setzen sich in den Kreis oder in Kleingruppen. Ein Mitarbeitender flüstert dem Mitspieler zur Rechten den Vor- und Nachnamen eines Kindes ins Ohr. Dieser Name wandert durch die Reihe, bis zum letzten Kind. Dieses sagt laut, was es verstanden hat. Das jeweilige Kind bestätigt oder korrigiert den Namen.

Vertiefung der Geschichte

Taubstumme konnten weder sprechen noch hören. Eigentlich sind die meisten Taubstummen nicht stumm, sondern sie können nicht hören und deshalb verstehen sie nicht, was ihnen die anderen sagen. Wer aber nichts versteht, der kann auch nur sehr schwer sprechen lernen. Hören und Sprechen, Verstehen und Handeln – das gehört ganz eng zusammen. Joschi, der Taubstumme, gehörte nicht dazu.

In die Kreismitte wird mit biblischen Erzählfiguren oder mit Playmobilfiguren eine kleine Szene gestellt. Eine Gruppe steht da und daneben ist jemand im „Abseits".

Fragen an die Gruppe der Kinder, um ins Gespräch zu kommen:

- Wie ist das, wenn man in einer Gruppe in der Schule, beim Sport nicht dazu gehört?
- Ist es dir schon mal so gegangen, dass du dich nicht verstanden gefühlt hast?
- Was überhörst du gerne? Wo tust du so, als hättest du es nicht gehört?

Jesus wollte nicht, dass Joschi am Rand bleibt. Er hat ihm die Zunge gelöst. Das meint, Joschi bekam Mut und er konnte hören.

Was Jesus für alle Menschen will, das könnt ihr jetzt mit einem Pantomimerätsel erraten.

Pantomimerätsel

Verschiedene Tätigkeiten/Hobbys werden pantomimisch von einem Kind dargestellt. Die Gruppe rät und das erratene Wort wird vom Leiter in die Mitte gelegt. Der Leiter muss Kärtchen mit den zu spielenden Begriffen vorbereitet haben. Folgende Begriffe sind nötig. Der Anfangsbuchstabe ist wichtig. Aus allen Anfangsbuchstaben ergibt sich zum Schluss, richtig zusammengesetzt, die Aussage:

JESUS HEILT.

(**J**AGEN, **E**IS ESSEN, **S**URFEN, **U**HR STELLEN, **S**EILSPRINGEN, **H**ANDBALL SPIELEN; **E**ISBADEN, **I**NLINESKATEN; **L**ANGLAUFEN; **T**ANZEN)

Auswertung: Der Satz: „Jesus heilt" liegt in der Mitte.

- Jesus will, dass wir offene Ohren füreinander haben
- dass wir uns achtsam begegnen
- dass wir neue Schritte miteinander gehen

Lied Gib uns Ohren, die hören, S. 63
Das Lied wird mehrfach gesungen und mit Bewegungen, die die Kinder erfinden können, untermalt.

Alternative für Ältere
Ein Hörspiel zur Geschichte machen.

Genau zuhören
Die Geschichte noch einmal erzählen und dabei Fehler (Ablauf, Gespräche) einbauen. Wer findet die Fehler? Eventuell in kleinen Gruppen die Fehler aufschreiben lassen und vergleichen.

Sender und Empfänger
Zwei diktieren zwei anderen, die jeweils diagonal in der anderen Ecke des Raumes sitzen einen Ausschnitt des Bibeltextes der Geschichte (nach der Übersetzung aus der „Guten Nachricht"). Der Rest der Gruppe sitzt in der Mitte des Raumes und hört zu.
Was kommt an?

Gebärdensprache
Vielleicht könnt ihr jemanden einladen, der die Gebärdensprache beherrscht oder ihr lest in einem Buch, wie sie geht und probiert es miteinander aus.

Spiele

Genau hören
Alle sind ca. 2-3 Minuten ganz still (eventuell dazu ins Freie gehen).
Was für Geräusche sind zu hören?

Stimmen raten – „Hänschen, piep einmal"
Sitzkreis. Einem Kind werden die Augen verbunden. Ein Mitarbeiter führt das Kind zu einem Kind, das im Kreis sitzt. Das Kind mit den verbundenen Augen setzt sich auf dessen Schoß und sagt: „Hänschen, piep einmal." Als Antwort piepst das sitzende Kind und darf dabei die Stimme verstellen. Wenn die richtige Person erraten wird, wird gewechselt.

Stille Post gemalt

Die Gruppe setzt sich mit gleicher Blickrichtung dicht hintereinander auf den Boden. Der hinterste und der vorderste Spieler erhalten je einen Bogen Papier und einen Stift. Der Hintermann zeichnet eine einfache Form auf sein Papier, die er anschließend mit dem Finger auf den Rücken seines Vordermannes überträgt …

Der Vorderste schließlich überträgt das, was ihm auf den Rücken gezeichnet wurde, auf seinen Papierbogen. Dann werden die Formen verglichen.

Geräuschgeschichten

Der Mitarbeitende erzählt eine Geschichte, in der viele Geräusche vorkommen und hält entsprechende Materialien dafür bereit. Beim nächsten Erzählen wird die Geschichte von der Gruppe mit Geräuschen gestaltet und untermalt.

An ihren Ohren sollst du sie erkennen

Drei Freiwillige werden ausgesucht. In ein großes Stück Stoff (Leintuch) sind drei Löcher geschnitten, durch die jeweils das Ohr eines Kindes sichtbar wird. Wer erkennt das Kind?

Hör-Pantomime – Pantomime mit Geräuschen

Material: evtl. Gegenstände zum Geräusche machen, Musikinstrumente

Einer spielt eine kleine Szene pantomimisch vor und sein Partner macht dazu die passenden Geräusche, zumeist mit dem eigenen Körper, evtl. kann er dazu auch noch ein paar Gegenstände oder einfache Musikinstrumente benutzen.

Geräuschkulisse

Die Gruppe wird in 3er Gruppen aufgeteilt. Jede Gruppe hat in getrennten Räumen ca. 10 Minuten Zeit, um eine Geräuschkulisse einzuüben (z. B. Bahnhof, Hafen, Feuerwehrwache, Flughafen …). Dann kommen alle zusammen und führen sich gegenseitig die Geräuschkulissen vor. Die ratenden Gruppen schließen möglichst die Augen und stellen sich die Szenerie vor. Dann kurze Beratung und raten.

Abschlussplenum

Lied Gib uns Ohren, die hören und Augen, die sehn

Kanon: Bernd Schlaudt © beim Autor

Eventuell in kurzen Interviews Erfahrungen der Kinder mit dem Thema sammeln oder die Gruppenergebnisse zur biblischen Geschichte präsentieren.

Wenn das gelingt, kann das Thema-Lied mit Beteiligung der Kinder ausprobiert werden. Bei zu großer Unruhe nur das Lied singen und den Segen sprechen.

Lied Gott gab uns Atem, damit wir leben, *Liederbuch für die Jugend, Nr. 242* (Lied mit Beteiligung der Kinder)

- Im Kreis stehen
- Overhead mit Lied
- Mitte mit Kerzen, Pflanze …

Moderator: Wir haben miteinander viele Entdeckungen gemacht und erlebt, wie wichtig und wertvoll unsere Ohren sind. Wir singen jetzt noch einmal das Lied vom Anfang, in dem alle Sinne vorkommen: „Gott gab uns Atem …". Gott hat uns die Sinne geschenkt, dass wir sie ganz bewusst einsetzen. Wir wollen vor jeder Strophe still werden und spüren, dass Gott bei uns ist, uns hält und liebt.

Atmen

Wir wollen bewusst den Atem spüren, ohne ihn zu beeinflussen. Ich beobachte ihn. Ausatmen. Einatmen. Ich brauche nicht daran zu denken. Das ist gut so. Einfach weiteratmen *(Pause, etwas Zeit lassen).*
Der Atem ist ein Zeichen des Lebens. Gott hat uns Atem gegeben, damit wir leben. Er will, dass wir leben. Jeder Atemzug sagt uns: „Du sollst leben".

1. Strophe singen: **Gott gab uns Atem, damit wir leben**

Hören

Wir wollen miteinander ganz still werden und hören. Zuerst die lauten und vertrauten Töne, aber auch die leisen Geräusche. Vielleicht hilft es uns beim Hören, wenn wir die Augen schließen und ganz Ohr sind *(Warten bis es still wird).*
Gott gab uns Ohren, damit wir einander hören.
Gott gab uns Ohren, damit wir seine Stimme hören *(kurze Stille).*
Ich sage uns in die Stille hinein ein Wort, das von Gott kommt: „Fürchte dich nicht. Ich habe dich erlöst. Ich habe dich bei deinem Namen gerufen. Du bist mein." *(2 x)*

2. Strophe singen: **Gott gab uns Ohren, damit wir hören**

Festhalten und feststehen

Wir geben einander die Hände und halten uns fest.
Wir spüren unsere Füße. Wir stehen mit ihnen ganz fest auf dem Boden.
Wir versuchen ganz bewusst zu spüren. Der Boden trägt mich.
So wie der Boden uns trägt, so hält uns Gott, so gibt er uns Halt.
Wir spüren die Hände unserer Nachbarn. Wir alle gehören zusammen.
Wir sind füreinander da. Wir sind Gottes Kinder.

3. Strophe singen: **Gott gab uns Hände, damit wir handeln**

Den Segen Gottes empfangen und weitergeben

(linke Hand auf die Schulter des Nachbarn, die rechte Hand wie eine Schale öffnen)
Ich spreche jeweils einen Satz vor. Ihr sprecht ihn dann nach.

„Der Herr segne uns und behüte uns.
Der Herr lasse sein Angesicht leuchten über uns und sei uns gnädig.
Der Herr erhebe sein Angesicht auf uns und gebe uns Frieden.
Amen."

Einladung zu Gruppenangeboten bzw. zum nächsten KiBiTag.

Martina Koniecznyi

Noah und der Regenbogen

KiBiTag zu einer Rettungsgeschichte 1. Mose 6, 7-17

Vorüberlegungen

Gerade nach den furchtbaren Erlebnissen der Tsunami-Katastrophe und angesichts der Flutbilder, die jedes Jahr aus vielen Regionen der Erde über unsere Bildschirme flimmern, tun sich Mitarbeitende schwer mit der Sintflutgeschichte. Das ist zu verstehen, wenn man diese als Beschreibung einer Katastrophe ansieht. Flutgeschichten gibt es nicht nur in der Tradition des Alten Testamentes, sondern auch in anderen Kulturen.

Diese uralten Erzählungen wollen deutlich machen, dass es so nicht weitergehen konnte. Die Welt hat ein Weiterbestehen nicht verdient.

Haben wir im 21. Jahrhundert dieses Weiterleben, Überleben verdient? Wohl kaum, wenn man das unendliche, menschenverschuldete Leid von Kriegen, Hass und Zerstörung betrachtet. Auch das Thema Umweltzerstörung ist ein Dauerbrenner. Dabei haben uns die Schlagzeilen der Zeitungen schon so abgestumpft, dass viele Menschen keine Lust mehr zu einer wirklichen Auseinandersetzung mit dem Thema haben. Was soll's? Wir können ja doch nichts ändern – weder an den ungerechten Besitzverhältnissen, noch an der globalen Klimaveränderung und schon gar nicht am Scheidungskrieg unserer Nachbarn. Was soll`s? Das war und ist nicht der Maßstab Gottes. Gott nimmt das Unrecht wahr. Er will die Erde nicht vernichten, sondern retten. Ein Neuanfang soll möglich sein. Noah bekommt stellvertretend die Chance, mit seiner Familie und all den Tieren von vorne zu beginnen. Von vorne beginnen? Diese tiefe Sehnsucht teilen wir alle, spätestens dann, wenn etwas total schief gelaufen ist.

Von vorne beginnen kann ich nur, wenn Vergangenes bereinigt ist. Vergebung ist das zentrale Wort. Gott hat seinen Bogen gesetzt!

Für Noah war dies der sichtbare Neubeginn. In der Bibel heißt es: „Der Bogen wird in den Wolken stehen und wenn ich ihn sehe, wird er mich an den ewigen Bund erinnern, den ich mit allen lebenden Wesen auf der Erde geschlossen habe." (1. Mose 7, 16) Das heißt, Gott will sich erinnern. Auf Gott ist Verlass.

Ja, es gibt innere und äußere Flutkatastrophen. Dieses reale Wissen können wir nicht übertünchen. Aber Gott will nicht, dass wir untergehen. Jeder Regenbogen erinnert an diese Zusage. Jedes Gebet ist so ein Bogen, über unsere Angst hinweg zu Gott. Dies können wir Kindern vermitteln.
Die Geschichte von Noah's Arche ist eine bekannte biblische Geschichte. Dennoch möchten wir einladen, sie immer neu und immer wieder als eine Rettungsgeschichte zu erzählen, die Zeichen setzt.

Ablauf des KiBiTages in Kurzform

9.00 Treff Mitarbeitende

9.50 „Check in", Willkommen für Kinder

10.00 Start mit Plenum

- Begrüßung
- Lieder zum Mitmachen und Ankommen
- Hinführung zum Thema mit Handpuppe
- Biblische Geschichte Teil 1
- Aktion der Kinder
- Biblische Geschichte Teil 2
- Lied zur Geschichte
- Übergangsmoderation zu den Altersgruppen

10.30 Einteilung in Altersgruppen/Kleingruppen

10.50 Altersgruppen

- Kennenlern- oder Eingangsspiel
- kreative Vertiefung der Geschichte
- kleiner Imbiss/Vesper
- Spiel, Spaß, Bastelidee

12.00 Abschlussplenum

- Vorstellung von Beiträgen aus Altersgruppen
- Segensgebet
- Lieder

12.15 Schluss (kann max. bis 12.30 ausgedehnt werden)

12.30 Gemeinsames Essen, Genießen und Auswerten der Aktion mit Mitarbeitenden

Materialbedarf

- *Begrüßung:* Namensschilder (in Tierform, entsprechend der Altersgruppen)
- *Moderation:* Handpuppe
- *Anspiel:* Arche (mit Abtönfarben auf vier zusammengenähte Leintücher gemalt, alternativ auf Papier oder auf Karton; in der Mitte sind zwei Öffnungen im Abstand von ca. einem Meter eingeschnitten; diese werden später als Tür dienen und zum Einzug der Tiere hochgerollt.), blaue Tücher, Stofftiere (immer zwei von einer Tierart, wenn möglich für jedes Kind ein Stofftier), Tücher für Gewänder, Sicherheitsnadeln, Regenbogen auf Overheadfolie (mit window-color), Donner- und Regengeräusche (CD oder Trommel)
- *Singen:* Overheadprojektor, Leinwand, Lieder auf Folien, Instrumente
- *Basteln:* Wachstücher zum Abdecken der Tische, Bastelvorlagen, Wachs- oder Holzstifte, Klebstoff, Scheren, Nadel, Faden, Ausmalbilder (als Lückenfüller) z. B. aus Kopiervorlagen zur Bibel
- *Spiele:* Kreppband, Handwerkszeug für Archebau, Stifte, Papier, Bonbons
- *Imbiss:* Apfelsaftschorle, Brezeln, Butter, Teller

Ablauf Schritt für Schritt

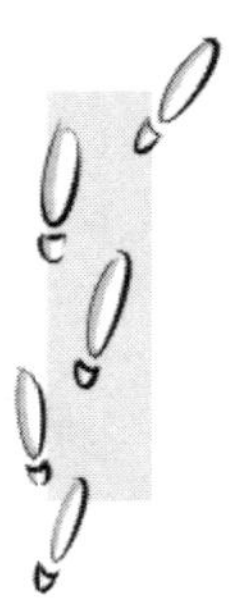

Vorbereitung Mitarbeitende

- Aufbauphase: Die Arche wird entsprechend den Möglichkeiten aufgebaut. Wir haben die Leintücher mit Schnur an der Decke befestigt. Es empfiehlt sich, dies bereits an einem Tag vorher zu erledigen. Mit blauen Tüchern wird das Wasser symbolisiert. Die Stofftiere werden im Haus versteckt.
- Anspiel proben
- Tisch mit Namensliste, Empfangsbereich mit Ablaufplan, evtl. Stehtische mit Kaffee/Kekse für die Eltern, Infomaterial zur Gemeindearbeit, Büchertisch?
- Vesper organisieren und in Plastikkörben für Kleingruppen vorbereiten
- Technik für Liedprojektionen/Folien/Beamer/Liederbücher

- Musik/Band, Lieder proben, seitlich aufbauen, damit „Bühne“ bespielbar ist
- Bastelmaterial etc. in Gruppenräumen bereits vorbereiten
- **Lieder zur Auswahl**

  Ich sag dir guten Morgen, *Liederbuch für die Jugend, Nr. 564*
  Heut ist ein Tag, an dem ich singen kann, *Liederbuch für die Jugend, Nr. 555*
  Ein bunter Regenbogen, *Liederbuch für die Jugend, Nr. 509*
  Gottes Regenbogen, seht, *Liederbuch für die Jugend, Nr. 384*
  Regenbogen bunt und schön, *Komm mit, schlag ein, S. 20*
  Von oben und von unten, *Du bist Herr für Kids 2, S. 200*

  Tierlieder/Spaßlieder

  Zwei kleine Wölfe, *Komm mit, schlag ein, S. 14*
  Die Affen rasen durch den Wald, *Jungscharlieder, Nr. 191*

Start mit allen

Begrüßung siehe „Liturgiebausteine“ (S. 10)

Thema vorstellen

Moderator (M) mit Handpuppe (P)

M: Klasse, dass ihr da seid. Heute haben wir ein kunterbuntes und spannendes … *(wird von dauerndem Klopfgeräusch unterbrochen)* Wer klopft denn da so? Muss ja eine bekloppte äh beklopfte Person sein! Wer will jetzt noch zu uns herein?

P: *(Wird aus einem Kasten oder hinter der Tür hervorgeholt. Sie hat alle Farben des Regenbogens an sich. Breite Geschenkbänder in Rot, Orange, Gelb, Grün, Blau, Violett um Arme, Beine oder in die Haare binden.)* Sag mal, bist du taub? Ich klopf schon eine halbe Stunde!

M: Sorry, aber wenn so viele Kinder hier sind, dann ist es laut und man kann dein Klopfen schon mal überhören. Sag mal, hast du was verwechselt?

P: Verwechselt? Wieso? Ich will zum KiBiTag und das sieht doch nicht wie der Altennachmittag hier aus.

M: Nö, ich meine deine Kleidung. Heute ist doch nicht Fasching!

P: Das hat ja auch nichts mit Fasching zu tun, sondern damit, dass ich ein Fan bin.

M: *(lacht)* Welcher Fußballclub hat schon so viele Farben?

P: Ich rede doch nicht vom Fußball. Ich bin Regenbogen-Fan!

M: Ach so, klar: Jetzt, wo du das sagst, sehe ich es auch. Und was macht ein Regenbogenfan?

P: Sobald ein Gewitter aufzieht oder schwarze Regenwolken kommen, steh ich schon am Fenster. Wenn dann draußen noch die Sonne scheint, dann bin ich sofort zur Stelle.

M: Stimmt, so ein Regenbogen ist schon genial! Hab auch schon einen gesehen. Wer von euch *(fragt die Kids im Raum)* hat in echt schon mal einen großen Regenbogen gesehen?

P: Super, gell! Deshalb bin ich ein Fan davon.

M: Als Fan weißt du sicher, was der Regenbogen aus Gottes Sicht bedeutet.

P: Also ich weiß zwar, wie er entsteht, aber was das bei Gott bedeutet? Nö, da muss ich passen.

M: Gutes Stichwort! Da kann ich dir helfen. Setz dich mal zu den Kindern und dann heißt es aufpassen.

nach dem Kaffee

GESCHICHTE/szenische Erzählung

1. Szene: Die Menschen sind böse

Eine Frau mit Körben voller Äpfel tritt auf. Zwei Kinder kommen dazu.

Frau: Frische Äpfel! Saftige köstliche Äpfel!

Kind 1 zu Kind 2: Weißt du was, wir klauen ein paar Äpfel! Machst du mit?

Kind 2 zu Kind 1: Klar! Ich lenke die Frau ab und du schnappst dir die Äpfel!

Kind 1: Gut!

Frau : Frische Äpfel! Saftige köstliche Äpfel!

Kind 2: Ich glaube, die Äpfel sind wurmig!

Frau : Das stimmt nicht, die Äpfel sind tadellos! Schau her!

Kind 1 kommt von hinten und nimmt einige Äpfel, rennt damit weg.

Frau : Halt! Halt! Meine Äpfel! Ein Dieb! Ein Dieb!

Kind 2: Nein zwei! *(nimmt auch einige Äpfel und rennt weg)*

Frau : Halt! Halt! *(rennt hinterher)*

Mann 1: *(tritt auf und murmelt vor sich hin)* Wenn ich nur wüsste, wo meine Ziege geblieben ist. Das kann doch gar nicht sein. Oh, ist sie das nicht? *(geht zu Mann 2)* Die Ziege gehört mir! Sie ist mir davongelaufen!

Mann 2: Hättest du besser auf sie aufgepasst! Ich hab sie gefunden. Nun gehört sie mir!

Mann 1: Die Ziege ist mein Eigentum. Ich hab sie erst letzte Woche auf dem Markt gekauft. Sie hat viel Geld gekostet! Gib sie mir zurück!

Mann 2: Das tue ich nicht! Mach, dass du fortkommst!

Mann 1: Du gibst mir sofort meine Ziege oder ich hole sie mir mit Gewalt!

Mann 2: Hol sie dir doch! Ich bin stärker!

Die Männer schlagen sich, Noah kommt und will dazwischen gehen.

Noah: Aufhören! Aufhören!

Mann 1: Was willst du? Mach, dass du fortkommst!

Mann 2: Ja, hau ab oder …!

Noah geht weg, bleibt vor der Arche stehen.

2. Szene: Noah erzählt von Gottes Auftrag

Noah: Ziemlich mies, wie die Leute damals zu meiner Zeit miteinander umgingen. Die Menschen waren böse und gemein! Es war schlimm! Es war so schlimm, dass sogar Gott genug hatte. So hatte er sich die gute Schöpfung nicht vorgestellt. Er beschloss, die Erde zu vernichten. Nur mich, den Noah, meine Frau, unsere drei Söhne Sem, Ham und Jafet und ihre Frauen wollte er verschonen. Gott sprach zu mir: „Noah, baue eine Arche aus Tannenholz. Dichte sie innen und außen mit Pech ab, damit kein Wasser eindringen kann. Baue sie drei Stockwerke hoch und mach viele Kammern. Lass oben eine Öffnung für das Licht und unten eine Tür, durch die ihr hineingehen sollt, bevor der große Regen einsetzt!" Ich tat, was Gott mir befohlen hatte und meine Familie half mir dabei. Und schließlich war die Arche fertig.

(Noah dreht sich um und zeigt auf die Arche)

Unsere Nachbarn kamen immer wieder und verspotteten mich: „Schaut, was Noah da macht! Er baut ein Schiff, mitten auf dem Trockenen! Der Noah spinnt!" So lachten sie mich aus. Doch ich ließ mich nicht beirren. Und dann sprach Gott wieder zu mir: „Noah, sammle nun die Tiere! Nimm von jeder Art ein Weibchen und ein Männchen. Denn die Tiere sollen nicht aussterben. Geh in die Arche, du und deine ganze Familie. Bald wird der Regen beginnen. 40 Tage und 40 Nächte soll es regnen! Und nun los Noah, hole die Tiere!" Es war sehr, sehr viel Arbeit! Ein Glück, dass meine Familie mir half.

Heute dürft ihr mir helfen! Im Gemeindehaus sind viele Tiere versteckt. Ihr sollt sie finden! Jeder bringt bitte ein Tier und trägt es in die Arche, während wir ein Lied singen. Und nun macht euch auf die Suche!

Aktion der Kinder

Die Kinder suchen die versteckten Stofftiere. Bei einem gemeinsamen Noah-Lied ziehen sie hintereinander in die Arche und legen dort die Tiere ab. Steht die Arche nicht frei im Raum, sondern ist an einer Wand befestigt, so empfiehlt es sich, dass die Mitarbeitenden sie etwas von der Wand abrücken und zum Einzug der Tiere halten. Wenn alle wieder auf ihren Plätzen sind, ertönt lautes Donnergrollen und Regen.

3. Szene: In der Arche

Noah: Kaum waren alle Tiere in der Arche, fing es an zu regnen. Alles wurde vom Wasser überflutet. Selbst die höchsten Berge verschwanden unter den Wassermassen. Die ganze Erde war ein einziges Meer. Unsere Arche schwamm wunderbar und drinnen saßen meine Familie und ich und alle Tiere. In der Arche war es dunkel. Nur durch das kleine Fenster im Dach drang tagsüber ein blasser Schimmer. Wenn sich das Stück Himmel über der Luke verdunkelte, dann wusste ich, dass wieder ein Tag vergangen war. Jeden Abend machte ich mit meinem Messer eine Kerbe in den Türpfosten unserer Kammer und zählte so die Tage. 40 Tage und 40 Nächte regnete es. Dann hörte der Regen endlich auf. Gott sandte Wind über die Erde und das Wasser begann zu sinken. Eines Tages gab es einen kräftigen Ruck, und die Arche saß fest auf einem Berg, dem Ararat. Zur Vorsicht wartete ich noch vierzig Tage, dann ließ ich aus der Luke einen Raben hinausfliegen. Ich schaute ihm nach und sah, wie er hin- und herflog und nach trockenem Land suchte. Als nächstes ließ ich eine Taube fliegen. Doch diese kam bald zurück. So wartete ich nochmals eine Woche. Dann schickte ich die Taube ein zweites Mal los. Bei Sonnenuntergang kehrte sie zurück und in ihrem Schnabel brachte sie einen frischen Ölzweig mit. Da wusste ich, jetzt wachsen wieder Bäume. Ich wartete eine weitere Woche und ließ dann die Taube zum dritten Mal fliegen.

Dieses Mal kam sie nicht zurück. Schnell öffneten wir die Tür und ließen alle Tiere hinaus. Wie die rannten und herumsprangen nach der langen Zeit in der Arche!

4. Szene: Der Regenbogen als Gottes Versprechen

Noah: Wir waren alle froh, wieder trockenen Boden unter unseren Füßen zu haben. Nachdem wir uns umgesehen hatten, bauten wir Gott einen Altar und dankten ihm. Und Gott versprach uns, dass er die Erde nie mehr vernichten würde. Er sagte: „Solange die Erde steht soll nicht aufhören Saat und Ernte, Frost und Hitze, Sommer und Winter, Tag und Nacht!" Und dann sah ich etwas, das ihr alle kennt: den Regenbogen.

Der Regenbogen wird mit Overheadprojektor über die Arche projiziert.

Gott sagte: „Meinen Bogen habe ich in die Wolken gesetzt. Er soll das Zeichen des Bundes sein zwischen mir und euch. Nie mehr soll eine Sintflut die Erde vernichten!" Immer wenn ich einen Regenbogen sehe, denke ich daran. Ich weiß, Gott hat mich lieb. Er sorgt für mich!

Lied Regenbogenlied nach Wahl

Gruppeneinteilung und Altersgruppen

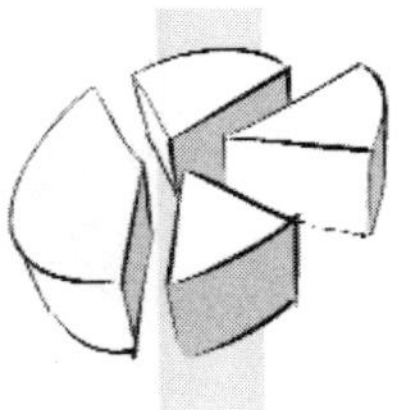

Gespräch/kreative Fortführung zur Auswahl

In der Mitte des Stuhlkreises liegen ein großer, weißer Karton und Zettel in den Regenbogenfarben.

Gott will die Erde erhalten, auch wenn vieles auf unserer Welt, in unserem Land, in den Schulen und Familien nicht in Ordnung ist. Was können wir dazu beitragen, damit Gott sich an seiner guten Schöpfung freuen kann?

Alles, was uns dazu einfällt, schreiben oder malen wir auf die Regenbogenpapiere. Jedes Kind darf seinen Beitrag dann auf den weißen Karton kleben. Die Kinder wählen eine gemeinsame Überschrift für den weißen Karton aus.

Festessen in Regenbogenfarben

Schnippelt Obst in verschiedenen Farben (Trauben blau und grün, Ananas oder Pfirsich aus der Dose, Erdbeeren oder Himbeeren, Kiwi, Banane ...). Versucht einen Regenbogen (farbigen Bogen) mit den Obststückchen zu legen. Dann kann ein kleiner Tanz zur Musik um den Bogen herum stattfinden, bevor es ein genüssliches Obstessen gibt.

Bastelideen

Regenbogenmobile (siehe Kopiervorlage S. 77): Einen Regenbogen und eine Taube auf DIN A4-Karten kopieren. Den Regenbogen ausmalen – von außen nach innen: rot, orange, gelb, grün, blau, lila. Die einzelnen Bögen ausschneiden und auf der Rückseite bemalen. Die Taube ebenfalls ausgeschneiden. Mit Faden aneinander befestigen.

- **Tiermasken**: Auf Pappteller große Tierköpfe zeichnen und ausmalen, Augen ausschneiden, mit Krepppapier u. Ä. verzieren, mit Gummiband befestigen.
- **Noah-Memory**: Auf blanko Memorykärtchen Tierpaare malen.
- **Arche-Ausmalbilder**
- **Klemmentinis mit Tiergesichtern**: Aus Holzwäscheklammern basteln.

- **Arche und Tiere gemeinsam tonen**

Spielspaß

- **Arche-Kim**: Arbeitsgeräte, die man zum Bau der Arche benötigt (Holz, kleine Axt, Säge, Nägel, Pinsel, Hammer, Meterstab …), werden unter ein Tuch gelegt, zehn Sekunden aufgedeckt und angeschaut. Anschließend aus dem Gedächtnis aufschreiben.

- **Arche-Staffel**: Obige Arbeitsgeräte werden über einen Hindernisparcours transportiert.

- **Tierpantomime:** Tiere pantomimisch darstellen und erraten.

- **Ja/Nein-Stuhl:** (mit Fragen zur Noahgeschichte) Zwei Mannschaften sitzen sich gegenüber. Es wird durchgezählt. Die Frage wird gestellt und eine Nummer benannt. Ein Stuhl bedeutet Ja, der andere Nein. Wer den richtigen als erster erreicht, erhält einen Punkt. Beispielfrage: Heißt der Sohn von Noah Habakuk?

- **Das schwankende Boot**: Mit Kreppband ein Boot auf den Boden kleben. Die Kinder setzen sich dicht gedrängt hinein. Bei den immer schneller aufeinander folgenden Zurufen „backbord, steuerbord, Bug oder Heck“ lehnen sie sich entsprechend hinaus.

- **Ratespiel für Kleine**: Alle Vögel fliegen hoch.

- **Kindern verschiedene Tiere ins Ohr flüstern**: Jedes Tier ist mindestens zwei Mal vorhanden. (Tiere vorher auf Zettel notieren, sonst kommt man durcheinander.) Auf das Startzeichen hin ahmen die Kinder die jeweiligen Tierlaute nach, bis sich die entsprechenden Paare gefunden haben.

Für draußen

Wassertiere:. Alle stehen im Kreis, der Spielleiter nennt verschiedene Tiere. Nur bei Wassertieren darf aus der Mitte ein Bonbon geholt werden. Falsche Versuche bedeuten das Aus.

Gans und Fuchs: Der Fuchs will die Gans erwischen. Hat er sie, gewinnt er. Der Clou: Alle anderen Mitspieler stehen paarweise untergehakt auf dem Spielfeld. Hat die Gans genug, hängt sie sich bei einem Mitspieler ein, der dritte wird nun unversehens zum Fuchs und der Fuchs zur Gans.

Abschlussplenum

Abschluss mit allen: Ein Lied ruft die Kinder zusammen. Der Moderator fragt nach, was die Kinder erlebt haben und eröffnet den Altersgruppen die Möglichkeit, ihre kreativen Dinge, etc. zu zeigen. Wichtiges wird noch angesagt. Ein Segenslied bildet den Abschluss.

Abschlusslied mit Segen

Gott, dein guter Segen, S. 76

Einladung zu Gruppenangeboten bzw. zum nächsten KiBiTag.

Lied Gott, dein guter Segen

2. *Gott, dein guter Segen*
ist wie ein helles LICHT,
leuchtet weit, alle Zeit
in der Finsternis.
   Guter Gott, ich bitte dich:
   LEUCHTE UND ERHELLE MICH.
   Lass mich unter deinem Segen
   leben und ihn weitergeben.
   Bleibe bei uns alle Zeit,
   segne uns, segne uns,
   denn der Weg ist weit.

3. *Gott, dein guter Segen*
ist wie des Freundes HAND,
die mich hält, die mich führt
in ein weites Land.
   Guter Gott, ich bitte dich:
   FÜHRE UND BEGLEITE MICH.
   Lass mich unter deinem Segen
   …

4. *Gott, dein guter Segen*
ist wie der sanfte WIND,
der mich hebt, der mich trägt
wie ein kleines Kind.
   Guter Gott, ich bitte dich:
   STÄRKE UND ERQUICKE MICH.
   Lass mich unter deinem Segen
   …

5. *Gott, dein guter Segen*
ist wie ein MANTELKLEID,
das mich wärmt und beschützt
in der kalten Jahreszeit.
   Guter Gott, ich bitte dich:
   TRÖSTE UND UMSORGE MICH.
   Lass mich unter deinem Segen
   …

6. *Gott, dein guter Segen*
ist wie ein weiches NEST.
Danke, Gott, weil du mich
heute leben lässt.
   Guter Gott, ich danke dir.
   Deinen Segen schenkst du mir.
   Und ich kann in deinem Segen
   leben und ihn weitergeben.
   Du bleibst bei uns alle Zeit,
   segnest uns, segnest uns,
   denn der Weg ist weit.

Text: Reinhard Bäcker
Musik: Detlev Jöcker
Aus: Das Liederbuch zum Umhängen 1

Kopiervorlage
Regenbogenmobile

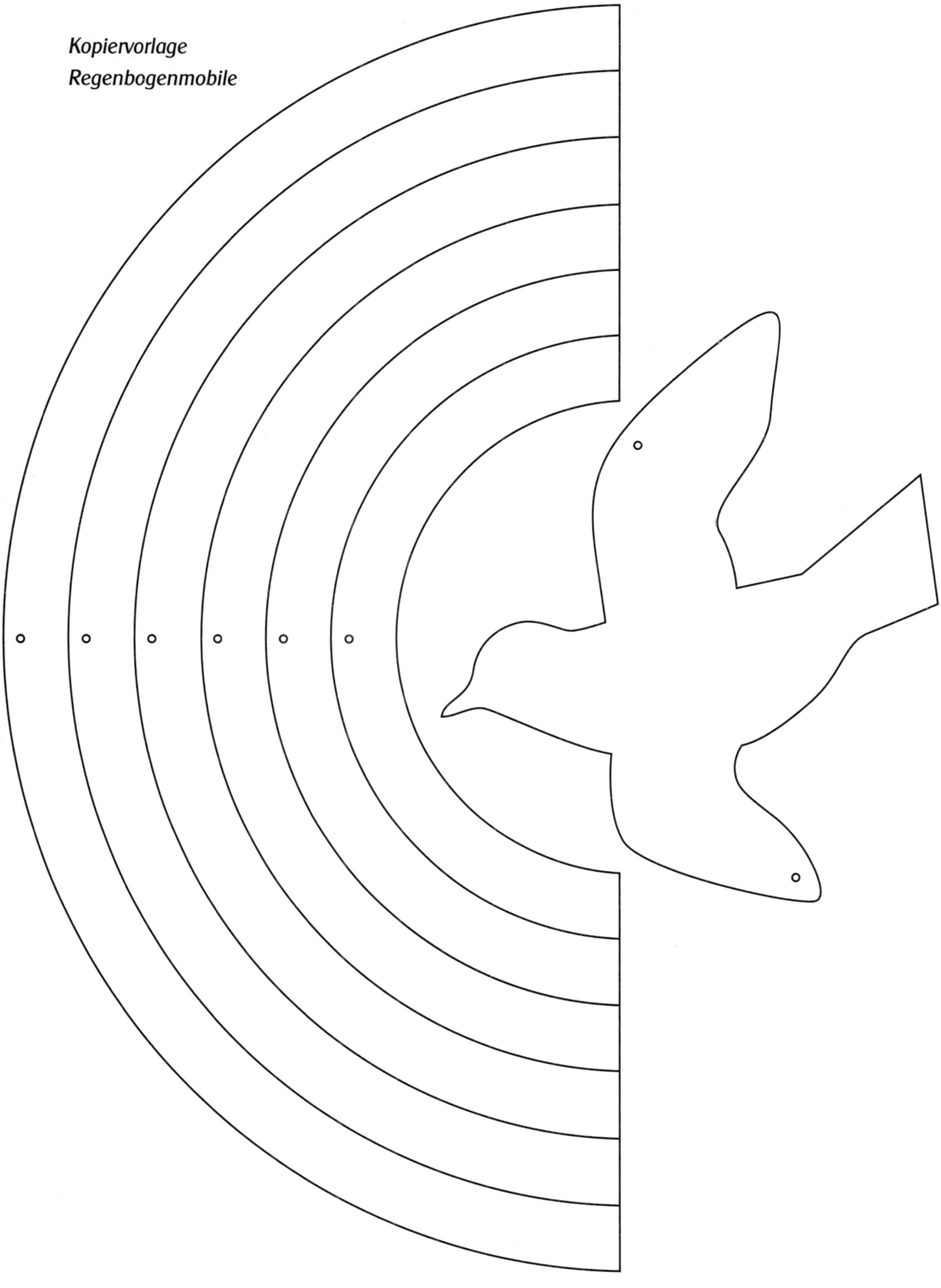

Auf dem Weg nach Emmaus

Stefan Schieck

KiBiTag zur Osterzeit nach Lukas 24, 13-35

Vorüberlegungen

Die Emmausgeschichte ist eine Weggeschichte. Für manche Menschen ist es wohl auch eine Lebensgeschichte. Die Jünger sind auf ihrem Weg tief enttäuscht und traurig. Ihre Lebenshoffnung, ihr Plan hat sich nicht als tragfähig erwiesen.

Wie gehen wir damit um? Jesus ist tot.

Der Umgang mit dem Tod macht sprachlos und mutlos – selbst heute in unserer aufgeklärten Zeit. Viele Menschen sind innerlich haltlos und haben auch äußerlich kein Ziel mehr vor Augen. Das unterscheidet die beiden Jünger. Sie haben ein Ziel: Emmaus, ihr Heimatdorf.

Viel Bedeutung kommt hier dem Gespräch zu. Erst der Fremde macht es möglich, dass die Männer über ihr Erlebnis reden und im Erzählen wird vieles wieder lebendig. Trauerbewältigung fängt nicht mit Verdrängen, sondern mit Beleuchten an.

Ein weiterer Aspekt der Geschichte ist die Gemeinschaft. Die Jünger laden den Fremden ein, mit ihnen zu essen. Sie öffnen nicht nur ihr Haus, sondern auch ihr Herz für den anderen. Da plötzlich wird ihnen im gemeinsamen Brot brechen, beim Gebet und miteinander Teilen deutlich, dass Jesus ihnen nahe ist.

Für Kinder ist der Ausspruch „Wo zwei oder drei in meinem Namen zusammen sind, da bin ich mitten unter ihnen“ ganz zentral. Jesus ist zwar nicht zu sehen, aber zu spüren. Diese Erfahrung lässt sich in Gemeinschaft unter Christen auch heute wiederfinden. So ein KiBiTag ist ein prima Anlass, miteinander im Singen, Beten, Sprechen und Gestalten dem Glauben auf die Spur zu kommen.

Emmaus bedeutet immer wieder Aufbruch, denn die Jünger erzählen ihr unglaubliches Erlebnis, ihre tiefe, tröstliche Erfahrung weiter. Sie tragen sie hinaus. Wenn ein Stück davon über diesen Bibeltag hinaus spürbar wird, dann hat sich der Tag gelohnt. Eine freudige Nachricht wollen wir in die Welt der Kinder tragen.

Ablauf des KiBiTages in Kurzform

9.00 Treff Mitarbeitende

9.50 „Check in“, Willkommen für Kinder

10.00 Start mit Plenum

- Begrüßung, Witz, Handpuppe
- Lieder zum Mitmachen und Ankommen
- Eingangsliturgie und Hinführung zum Thema
- Anspiel: Auf dem Weg nach Emmaus
- Lied Es ist der Weg nach Emmaus
- Einteilung Altersgruppen

10.45 Altersgruppen

- Kennenlern- oder Eingangsspiel
- Vertiefung der Geschichte
- kreative Gestaltung/Einzel- oder Gemeinschaftsarbeit
- Imbiss: eine festliche Brotmahlzeit (kann auch im Abschlussplenum mit allen eingenommen werden)
- Spiel, Spaß, Bastelidee

12.00 Abschlussplenum

- Vorstellung von Beiträgen aus den Altersgruppen
- Segensgebet
- Lieder

12.15 Schluss (kann max. bis 12.30 ausgedehnt werden)

12.30 Gemeinsames Essen, Genießen und Auswerten der Aktion mit Mitarbeitenden

Materialbedarf

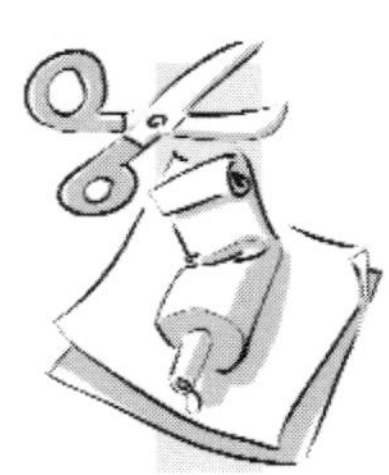

- *Anspiel:* großes Leintuch, Tageslichtprojektor, großes Pappkreuz, Fladenbrot, Becher, Verkleidung für die Jünger und Jesus
(Das Schattenspiel sollte vorher ausprobiert werden: Helligkeit der Lichtquelle, Verdunklung des Raumes, Größenverhältnisse und Abstand der Lichtquelle zum Leintuch.)

- *Singen:* Tageslichtprojektor, Leinwand/weiße Wand, Lieder auf Folie, Instrumente, Mikrophon
- *Basteln:* Tonpapier in verschiedenen Farben, Bleistifte, Scheren, Klebstoff, Teelichter, alte Wachstücher zum Abdecken der Unterflächen
- *Emmaus-Weg:* Tapetenrolle, Naturmaterialien (Steine, Moos, Sand, Blumen), Orff'sche Instrumente, Teig für Fladenbrote, grobes Salz, Kräuter
- *Fladenbrotrezept (für ca. 6 Personen):*
  1 kg Mehl, 1 Würfel frische Hefe, 10 Esslöffel (Oliven-)Öl, 20 g Salz, 1/2 l Wasser.
  Daraus einen Hefeteig kneten und ca. 2 bis 3 Stunden gehen lassen. Aus dem Teig 3 bis 4 Fladenbrote formen.
- *Spiele:* Tücher zum Verbinden der Augen

Ablauf Schritt für Schritt

Vorbereitung Mitarbeitende

- Zum Anspiel ist außer dem Schattenspiel kein Bühnenbild notwendig. Das Schattenspiel vorher ausprobieren, den Raum verdunkeln. Mikrophone testen.
- Ausmalbild „Auf dem Weg nach Emmaus" (S. 86) für jüngere Altersgruppe kopieren (möglichst auf stabiles Papier)
- Tisch mit Namensliste, Empfangsbereich mit Ablaufplan, evtl. Stehtische mit Kaffee/Kekse für die Eltern, Infomaterial zur Gemeindearbeit, Büchertisch?
- Brotmahlzeit organisieren und in Plastikkörben für Kleingruppen vorbereiten
- Technik für Liedprojektionen/Folien/Beamer/Liederbücher
- Musik/Band, Lieder proben, seitlich aufbauen, damit „Bühne" bespielbar ist
- Bastelmaterial etc. in Gruppenräumen bereits vorbereiten

Start mit allen

Begrüßung siehe „Liturgiebausteine“ (S. 10)
Ansingen der unbekannten Lieder mit eintreffenden Kindern

Lieder

Herr bleibe bei uns, *Liederbuch für die Jugend, S. 278*
Eine freudige Nachricht breitet sich aus, *Jungscharlieder, Nr. 141*
Es ist der Weg nach Emmaus

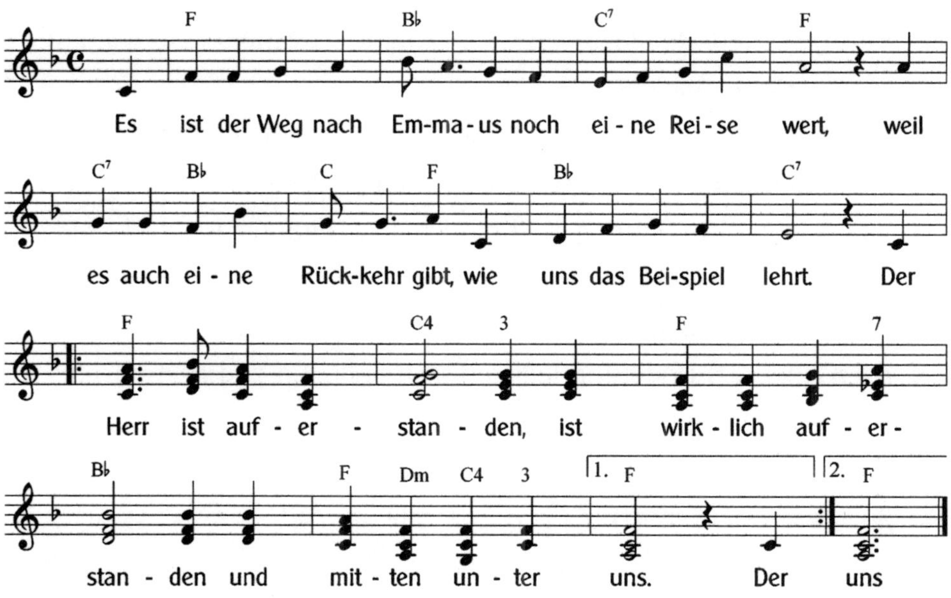

2. *Bekennen, dass die Hoffnung starb,*
ist noch der Rede wert,
weil Christus kommt und nach uns fragt
und uns die Schrift erklärt:
Der Herr ist auferstanden …

3. *Bekennen, dass die Nacht uns schreckt,*
ist eine Bitte wert,
weil Christus bleibt, das Brot uns bricht,
die Einsicht uns beschert:
Der Herr ist auferstanden …

4. *Bekennen, dass die Hoffnung lebt,*
ist einen Aufbruch wert.
Die Welt braucht Brot aus Emmaus,
das sich durch uns vermehrt:
Der Herr ist auferstanden …

5. *Es ist der Weg nach Emmaus*
noch eine Reise wert,
weil es auch eine Rückkehr gibt,
die von der Freude zehrt:
Der Herr ist auferstanden …

Text: Dieter Trautwein Musik: Peter Janssens

Thema vorstellen

Moderator und Handpuppe

M: Herzlich willkommen zu unserem KiBiTag.

P: Herzlich willkommen zu unserem KiBiTag.

M: *(schaut etwas kritisch zur Puppe, die tut, als wäre alles bestens)* Heute geht es um eine Weggeschichte. Wir wollen uns mit euch auf den Weg machen.

P: Also heute geht es um eine Weggeschichte ...

M: Moment mal, was machst du hier eigentlich? Musst du mir alles nachplappern?

P: Klar, gute Freunde machen alles zusammen. Deshalb komm ich mit auf die Weggeschichte.

M: Also hör mal, gute Freunde machen zwar viel zusammen, aber nicht alles. Im Moment gehst du mir echt auf den Keks!

P: Von wegen gute Freunde. Jetzt bin ich soooo traurig. Ich dachte, ich kann mit zu dem Unterwegs.

M: Also dann plapper mir nicht alles nach, sondern hör mal so zu wie die Kinder hier und dann lade ich dich auch ein zu unserer Unterwegs-Geschichte.

Wir wollen heute zwei Freunde begleiten.

P: So wie wir – oh, ja ich bin ja schon still!

M: Die beiden Freunde lebten zur gleichen Zeit wie Jesus. Mehr als 2000 Jahre ist es her. Die beiden waren sehr traurig. Ihr Weg fing nämlich dort an, wo die meisten Wege aufhören. Er fing mit dem Tod an.

GESCHICHTE/szenische Erzählung

Schattenbild:

Dazu halten zwei Mitarbeitende ein Leintuch fest. Hinter dem Tuch steht als Lichtquelle ein Tageslichtprojektor. Ein Mitarbeitender hält ein großes Pappkreuz an das Tuch. Er steht hinter dem Kreuz und ist somit nicht sichtbar. Die Mitarbeitenden, die die beiden Jünger spielen, sitzen in trauriger Haltung neben dem Kreuz.

Moderator: Als die Jünger hörten, dass Jesus tot sei, da war ihnen, als müsste die Zeit stehen bleiben. Wie gelähmt waren sie. Sie trauten sich nicht aus dem Haus, trauten sich nicht, ein Wort zu sagen oder einen Schritt zu gehen.

Jesus war nicht mehr bei ihnen. Er war am Kreuz gestorben. Die Jünger sahen keinen Ausweg. Jesus war tot und sie mit ihrem Weg am Ende.
Doch das Leben musste weiter gehen. Auch wenn Jesus tot war, sie würden ihn nie vergessen. In der Erinnerung würde er lebendig bleiben. Sie würden immer an ihn denken.

Schattenbild:

Die zwei Jünger stehen langsam auf.

Kleophas: Ich halt das nicht mehr aus, das traurige Herumsitzen. Ohne Jesus hat das doch alles keinen Sinn mehr.

Thadäus: Du hast Recht. In Jerusalem haben wir nichts mehr verloren. Ich will nur noch nach Hause in mein kleines Dorf.

Schattenbild weg – die beiden Jünger spielen direkt vor den Kindern.
Sie gehen langsam und niedergeschlagen ihren Weg.
Ein dritter Mann kommt hinzu.

Jesus: Schalom ihr beiden. Darf ich ein Stück weit mit euch gehen?

Thadäus: Schalom. Ja, meinetwegen.

Kleophas: Allerdings sind wir gerade keine besonders unterhaltsame Gesellschaft. Uns ist nicht nach Reden zumute.

Jesus: Warum, was habt ihr denn erlebt?

Kleophas: Ja weißt du denn nicht, was vorgestern in Jerusalem passiert ist? Die ganze Stadt weiß doch davon!

Jesus: Möchtet ihr es mir erzählen?

Thadäus: Weißt du, Jesus von Nazareth, unser Lehrer, ist am Kreuz gestorben. Und das schlimmste ist, wir haben ihm gar nicht beigestanden.

Kleophas: Ja, dabei war er doch in der Nacht vorher ganz verzweifelt. Er hat uns gebeten, mit ihm zu wachen und zu beten …

Thadäus: Und als dann die Vertreter des Hohen Rates mit ihren Wachen kamen, um ihn festzunehmen, da sind wir einfach davongelaufen.

Kleophas: Das einzige, was wir noch mitbekommen haben ist, dass sie ihn geschlagen und beschimpft haben.

Thadäus: Ja, sogar eine Dornenkrone haben sie ihm aufgesetzt. Und dann hat ihn dieser römische Statthalter, dieser Pontius Pilatus, zum Tod verurteilt.

Kleophas: Zum Tod am Kreuz, als ob Jesus ein Verbrecher gewesen wäre. Von weitem haben wir zugeschaut, wie er sein Kreuz zum Hügel Golgatha getragen hat.

Thadäus: Dort ist er dann auch vorgestern gestorben. Ein paar mutige Frauen und Joseph von Arimathea haben ihn vom Kreuz abgenommen und in ein Grab gelegt.

Kleophas: Das war alles vorgestern. Und seitdem trauen wir uns nicht mehr auf die Straße. Wozu auch, es ist doch alles aus.

Jesus hat die ganze Zeit aufmerksam zugehört. Jetzt wendet er sich an die Jünger.

Jesus: Ihr habt doch eine Zeitlang mit diesem Jesus gelebt. Ihr seid doch ganz einfache Leute und er hat euch wichtig genommen und zu seinen Schülern gemacht. Mit ihm habt ihr erlebt, wie er sich um die Armen, um die Bettler, um Aussätzige und andere Ausgestoßene gekümmert hat. War nicht auch ein ehemaliger Zöllner dabei?

Thadäus: Ja das stimmt. Das haben wir alles mit Jesus erlebt. Er hat die Blinden, die kleinen Kinder und Frauen wichtig genommen. Er hat sogar auf einen armen Kerl, der ganz hinten in der Synagoge stand, geachtet und seinen verkrüppelten Arm geheilt.

Kleophas: Genau. Und da fällt mir ein, dass Jesus sogar selbst einmal gesagt hat, dass er gefangen, verspottet und getötet werden würde. Wie es schon in den Alten Schriften steht.

Thadäus: Du hast Recht Kleophas. Immer wieder hat Jesus das uns erzählt. Und auch davon, dass er wiederkommen wird. Dass er uns nicht alleine lassen wird. Dass wir nur so dumm sein konnten und das vergessen haben.

Kleophas: Jetzt, wo du es erzählst, erinnere ich mich auch daran. Wenn das erste stimmt, dann wird Jesus uns doch nicht alleine lassen.

Thadäus: Fremder, das hat gut getan, dass du uns zugehört hast. Da vorne ist Emmaus, wo ich wohne. Herr, bitte bleibe bei uns. Wir wollen gern noch so viel mehr erfahren.

Lied Herr, bleibe bei uns, *Liederbuch für die Jugend, Nr. 278*

Schattenbild:

Jesus steht in der Mitte. Die zwei Jünger knien rechts und links von ihm. Jesus bricht passend zum Text das Brot und reicht es den Jüngern.

Moderator: Der Fremde bleibt bis es Abend wird. Die Jünger sitzen mit ihm zu Tisch. Er nimmt das Brot, bricht es in zwei Stücke und

gibt es den beiden. Ebenso nimmt er den Becher und spricht das Tischgebet.
Da fällt es ihnen wie Schuppen von den Augen. Plötzlich wird ihnen klar, er ist es – Jesus! Er ist es, der sie an seinen Tisch einlädt und ihnen Gemeinschaft schenkt. Beim Brotbrechen haben sie es schlagartig gemerkt: Jesus ist nicht mehr tot, Gott hat ihn auferweckt.

Schattenbild:
Jesus legt tröstend die Hände auf die Schultern der Jünger.

Moderator: So ist Jesus ihnen also begegnet. Die Jünger meinten, er sei tot und ihr Weg am Ende. Er aber stand ihnen zur Seite, ging ihren Weg mit, erst unerkannt als Fremder, dann erkannt als ihr auferstandener Herr.

Schattenbild weg – die beiden Jünger sind wieder zu sehen. Jesus tritt nicht mehr auf.

Thadäus: Kleophas schnell, das müssen wir den anderen erzählen.
Kleophas: Ja, es ist nicht zu fassen, wenn ich es nicht mit meinen eigenen Augen gesehen hätte, würde ich es kaum glauben.
Thadäus: Wir müssen schnell zurück nach Jerusalem, zu den andern.
Kleophas: Jesus ist nicht mehr tot. Er ist auferstanden!

Die beiden Jünger verlassen den Raum.

Moderator: Jesus ist den Jüngern begegnet. Er hat ihnen zugehört und sie getröstet. Er hat zu ihnen gesprochen und den Jüngern ist vieles klar geworden. Er hat mit ihnen Brot und Wein geteilt und da haben sie gemerkt: Jesus ist wirklich da.
Und so ist er auch heute wirklich da. So, wie er die Jünger auf ihrem Weg begleitet hat, so begleitet er auch uns. Jesus geht jeden Lebensweg mit, jeden, auch unseren.

Lied Eine freudige Nachricht breitet sich aus,
Liederbuch für die Jugend, Nr 372

Gespräch/kreative Fortführung zur Auswahl

Von der nachfolgenden Ideenvielfalt soll sich niemand erdrückt fühlen. Diese Vorschläge sind zur Auswahl gedacht. Beachten sollte man die jeweilige Altersgruppe, sowie eine Abwechslung von bewegungsorientierten und inhaltlichen Angeboten.

Den Emmaus-Weg nachgestalten

Auf einer Tapetenrolle wird der Weg mit Linien nachgezeichnet. Dieser Weg wird von den Kindern gestaltet: mit Steinen deuten sie schwere, bedrückende Wegstrecken an, Blumen oder Zweige bringen die Freude zum Ausdruck.
Der Weg der beiden Jünger und Jesu wird mit drei Spielfiguren nachgegangen. Ihr Weg wird mit Instrumenten (Trommel, Triangel, Rassel, Becken, Klanghölzer, ...) begleitet. Welche Klänge passen zur Dunkelheit und Verzweiflung? Welche Klänge drücken Freude und Hoffnung aus? Während die Figuren den Weg entlang gehen, begleiten die Instrumente die gestalteten Stimmungswechsel mit entsprechenden Klängen.

Ausmalbild Emmausgeschichte

Kopiervorlage „Auf dem Weg nach Emmaus“ (S. 86)

Mögliche Fortführung

In der Mitte liegt das ausgemalte Bild. Dazu kann man die Erfahrungen der Jünger noch einmal thematisieren.

- Die Jünger machen sich Vorwürfe. Sie sind zu feige gewesen und haben Jesus im Stich gelassen. (Wo habe ich meine Freunde enttäuscht oder bin selbst enttäuscht worden?)
- Sie denken, Jesus ist tot und fühlen sich total verlassen. (Das ist eine schlimme Erfahrung. Wo habe ich gedacht, es ist ganz schlimm und ich kann mir allein nicht weiterhelfen?)
- Die Jünger merken erst hinterher, dass ihnen Jesus begegnet ist. (Manchmal spüre ich erst später, dass Gott mir geholfen hat.) Diese Erfahrung verwandelt die Jünger total. Sie springen auf, sie sind begeistert, sie wollen es anderen weitererzählen. (Das können wir heute auch tun. Es ist toll, zu erfahren, dass Gott jedem von uns in seinem Leben ganz nahe sein will. Wenn du spürst, dass ein Gebet dich trägt, oder dass dir was Gutes passiert ist, dann sag es weiter. – Gute, frohe Botschaften sammeln ...)

Körpererfahrung: Wie wir unsere Wege gehen

Die Mitarbeitenden stellen zwei Kindern eine kurze Situation vor. Die beiden machen diese mit ihrer Gangart nach. Alle anderen sollen erraten, in welcher Stimmung die Kinder sind. Man soll es an ihrem Gang sehen. Nachdem die Stimmung erraten wurde, wird kurz die Situation erklärt und alle machen die entsprechende Gangart mit.

- ***Müde***: Peter kommt von einer langen Wanderung nach Hause. Todmüde, aber zufrieden schlurft er die letzten Meter aufs Haus zu.
- ***Glücklich:*** Elke hat eine 1 geschrieben – im Diktat. Mit dem Diktatheft in der Hand hüpft sie nach Hause.
- ***Ängstlich***: Marion kommt ein großer, brauner Hund entgegen. Sie hat schreckliche Angst und rennt davon.
- ***Ungeduldig***: Max will seine Oma vom Bus abholen. Der Bus hat Verspätung. Das Warten fällt ihm schwer. Ungeduldig tritt er von einem Bein auf das andere.
- ***Traurig***: Claudia hat ihre Mutter im Krankenhaus besucht. Die Mutter muss noch eine Weile bleiben. Claudia ist ganz niedergeschlagen. Traurig geht sie heim.

Rundgespräch über eigene Erfahrungen der Kinder, z. B. mit folgenden Fragen:

- Wie ist es, wenn ich traurig bin?
- Wie ist es, wenn ich etwas verliere, was mir sehr wichtig war?
- Angst im Dunkeln; Angst, wenn ich alleine bin – wer hat das schon mal erlebt?
- Was wünsche ich mir, wenn diese Angst kommt?

Bastelvorschlag: Fußspuren

Die Umrisse der eigenen Füße werden von einem anderen Kind auf Tonkarton ummalt und dann ausgeschnitten.
Auf die Fußspuren können ermutigende Texte geschrieben werden, die uns versichern, dass Jesus bei uns ist, z. B.: „Du bist nicht allein – Jesus geht mit“, „Gottes Liebe ist wie die Sonne, sie ist immer und überall da.“

Fladenbrot backen

Mit dem vorbereiteten Teig (Rezept siehe S. 80) werden kleine Fladenbrote geformt. Diese können mit grobem Salz und Kräutern verfeinert werden.

Kooperative Spiele

Thema: Orientierung auf einem schwierigen Weg

Spiel: Labyrinth

Im Gruppenraum oder einem Waldstück wird mit einer Schnur das Labyrinth „aufgebaut". Die Schnur sollte ca. 80 cm über dem Boden gespannt sein, damit sie nicht unbeabsichtigt über- oder unterschritten wird. Die Gruppe wird nun mit verbundenen Augen in das Labyrinth geführt und bekommt die Aufgabe, aus dem Labyrinth herauszufinden. Innerhalb der „Gänge" darf man sich frei bewegen, allerdings sind die Schnüre als unüberwindbare Wände zu verstehen. Die Gruppe darf sich untereinander helfen, gelöst ist die Aufgabe, wenn alle Teilnehmenden herausgefunden haben.

Spiel: Fluglotse und Pilot

Die Teilnehmenden der Gruppe gehen zu einem Paar zusammen: Der eine ist der Pilot, der mit verbundenen Augen sein Flugzeug auf der Rollbahn landen muss, der andere ist der Fluglotse, der den Piloten durch seine Anweisungen leiten muss. Sie sind jeweils an der gegenüberliegenden Seite der Rollbahn aufgestellt. Diese wird durch die übrigen Teilnehmenden der Gruppe markiert. Wer mag, kann noch einige Hindernisse einbauen.

Thema: Freunde oder Abhängigkeit erfahren

Spiel: Blindenführer

Zwei Teilnehmende bilden ein Paar. Dem einen wird eine Augenbinde umgelegt, damit er nichts mehr sehen kann, der andere führt den Blinden und zeigt ihm möglichst viele Dinge. Er ist ganz für den Blinden verantwortlich, denn dieser ist völlig von ihm abhängig. Nach drei bis fünf Minuten wechseln die Rollen. Während des gesamten Spieles sollte nicht gesprochen werden.

Thema: Vertrauen

Vertrauensspiel: Im Dunkeln nicht alleine sein

Die Kinder finden sich zu Paaren zusammen. Ein Kind erfährt, wie es ist, wenn es dunkel ist. Ihm werden die Augen mit einem Tuch verbunden. Es wird nun von seinem Partner behutsam verschiedene Wege durch den Raum geführt. Dann wechseln die Rollen.

Spiel: Vertrauenspendel

Ein Kind stellt sich zwischen zwei andere Kinder. Es schließt die Augen, lässt sich steif wie ein Brett fallen und wird von den beiden anderen hin und her gependelt. Nach ca. 2 Minuten wechseln die Positionen.

Vorsicht: Die Fallstrecke sollte am Anfang sehr gering sein.

Wenn die Fänger ein zunehmendes Vertrauen spüren, können sie den Abstand vergrößern. Wenn der Fallende sich stabilisieren möchte, muss mit einem früheren Abfangen reagiert werden.

Kein grobes Herumgeschubse! Es geht um Achtsamkeit und die Wahrnehmung des Fallenden.

Bei der Übung sollte nicht gesprochen werden.

***Bewegungstanz zum Kanon „Herr bleibe bei uns"**, Liederbuch für die Jugend, Nr. 278*

Aufstellung:

Herr bleibe bei uns	*Arme einladend zur Mitte öffnen; bei „uns" die Arme zurück an die eigene Brust nehmen.*
denn es will Abend werden	*Hände fassen; zwei langsame Schritte zur Mitte und wieder zwei Schritte zurück.*
und der Tag hat sich geneiget	*Fassung lösen; vier Schritte um den eigenen Standplatz gehen.*

Besondere Weiterführung für 9- bis 12-Jährige

Bildbetrachtung (Sieger Köder)

Zur Emmaus-Geschichte gibt es ein Bild von Sieger Köder: „Auf dem Weg in ein Dorf names Emmaus". Dieses Bild ist als Bildfolie in der Mappe „Bilder zur Bibel" von Sieger Köder (Folge II) erhältlich, herausgegeben vom religionspädagogischen Seminar der Diözese Regensburg (Weinweg 31, 93049 Regensburg, Tel. 0941-60 71 130). Im Begleitheft findet sich ein interessanter Vorschlag zum Einsatz der Bildfolie.

Gemeinsames Essen

Abschluss mit allen

Imbiss – eine festliche Brotmahlzeit mit vorbereitetem oder selbst gebackenem Fladenbrot (ergänzt nach Wahl mit kleinen Tomaten, Gurken, Käsewürfeln).

Wer mag kann dem Imbiss eine besondere Gestalt geben (Lichterweg durch die Dunkelheit). Dies kann in den Kleingruppen oder auch als gemeinsamer Abschluss gefeiert werden.
Dazu wird ein Raum völlig abgedunkelt. In diesem Raum gestalten wir einen festlichen Tisch: Das Fladenbrot liegt auf einem schönen Tuch in der Mitte. Daneben ein Krug mit Saft. Die Plätze der Kinder werden mit schönen Servietten gedeckt. Ein Blumenstrauß trägt zur Festlichkeit bei.

Die Kinder bereiten sich außerhalb des Raumes vor, indem sie ihre Fußspuren (siehe oben) mit einem Teelicht bekleben. Diese „Fußspurenkerzen" nimmt jedes Kind mit auf den Weg. Sie werden aber nicht gleich angezündet. Der Gruppenleiter trägt eine große brennende Tischkerze als einzige Lichtquelle, wenn alle zusammen den Raum betreten. Dabei kann ruhige Musik eingespielt oder der Kanon „Herr bleibe bei uns" gesungen werden. Dann wird die Kerze auf den Tisch gestellt, und jedes Kind zündet seine „Fußspurenkerze" an der Tischkerze an. Dann beginnt die gemeinsame Brotmahlzeit.
Nach dem Essen verlassen die Kinder mit ihren Kerzen auf unterschiedlichen Wegen ihre Sitzplätze. Sie setzen ihre Kerzen irgendwo im Raum ab und kommen dann in einem großen Kreis zusammen. Gemeinsam wird nochmals der Kanon „Herr bleibe bei uns" gesungen (alternativ das Segenslied: Vom Anfang bis zum Ende).

Einladung zu Gruppenangeboten bzw. zum nächsten KiBiTag.

Mir geht ein Licht auf

Beate Hofmann

KiBiTag für die Adventszeit zu Lukas 1, 78-79

Vorüberlegungen

Alle Jahre wieder: Weihnachten! Für Kinder ein Riesenfest. Da wird mit Adventskalendern, Weihnachtsfeiern, Weihnachtsmärkten, Plätzchen backen und Geschenken darauf hingefiebert und gebastelt.
Für Erwachsene und vor allem für Mitarbeitende im Kindergottesdienst der absolute Stress. Krippenspiel mit allen Katastrophen, Einkaufstouren, Geschenke besorgen und da hinein soll nun ein Kinderbibeltag passen? Ja! Und zwar genau aus den genannten Beobachtungen heraus. Kinder brauchen Rituale, Feste, Geschichten. Wenn wir ihnen die weihnachtliche Botschaft des Heilandes – dessen, der heil macht – ins Herz geben wollen, dann gewiss nicht über die fünfte Barbiepuppe oder das dritte PC-Spiel.
Kinder brauchen unsere Zeit, liebevolle Zuwendung, Spaß, Kontakt zu Gleichaltrigen und die Fülle von Lebens- und Glaubensgeschichten. Warum nicht als Gemeinde stellvertretend für gehetzte Eltern einen Freiraum schaffen, der Kleinen wie Großen gut tut? Die Erfahrung zeigt, dass ein Kinderbibeltag an einem Samstag im Advent von Eltern wie Kindern gerne angenommen wird. Den Eltern verschafft er einen willkommenen Freiraum, den Kindern ein munteres, sinniges Programm und der Gemeinde Aufmerksamkeit in der Öffentlichkeit sowie begeisterte Kinder. Damit wird so ein Vor- oder Nachmittag zum tragenden Baustein einer lebendigen Gemeinde. Denn Kinder sind Gemeinde von Heute für Morgen!
Allerdings ist klar, gerade in der Adventszeit muss das Programm für Mitarbeitende ein light-Event sein. Deshalb gibt es kein großes Theaterstück, sondern eine Erzählgeschichte mit Miniszenen, die ganz einfach zu spielen sind. Der Vorbereitungsaufwand soll sich in Grenzen halten.
Besonders jugendliche Mitarbeitende (vielleicht Konfirmanden im Rahmen eines Praktikums und Jungscharmitarbeitende) könnten den KiBiTag durchführen. Man braucht noch ein bis drei Personen, die sich als Leitungsteam verstehen, Aufgaben verteilen und koordinieren. Wichtig ist die

Person, die durch das Anfangsplenum leitet. Außerdem sollte eine kleine Band oder musikalische Begleitung gesichert sein, die sich auf die vorgeschlagenen Lieder einstellt und diese kindgemäß begleiten kann.
Hauptsache für diesen KiBiTag ist die Botschaft: Gott will, dass uns (nicht nur) zu Weihnachten ein Licht aufgeht. Wege des Friedens sind möglich, hier und heute!

Der Bibeltext aus dem Lukasevangelium ist auch bekannt als Benedictus – der Lobgesang des Zacharias. Der alte, angesehene Priester Zacharias wird uns zu Beginn des Lukasevangeliums vorgestellt. Er war ein Mensch, der den Glauben an Gott nicht nur predigte, sondern lebte. Von ihm und seiner Frau Elisabeth heißt es: „Sie führten ein Leben, das Gott gefiel" (Lukas 1, 6). Da kann man schon eine Menge von den beiden lernen. Glaubwürdig leben ist wirksamer als manch gut überlegte Predigt. Sehr realistisch erzählt uns die Bibel, dass nirgends die Welt vollkommen ist. Zacharias und Elisabeth haben keine Kinder – damals über allen inneren Kummer hinaus für die Betroffenen auch ein sozialer Makel. Kinder waren schließlich das offensichtliche Zeichen für Gottes Segen.
Doch der Mensch denkt und Gott lenkt – Gott hat seine eigenen Pläne. Für Zacharias und Elisabeth heißt das, sie werden doch noch ein Kind bekommen. Dieser Junge wird Johannes genannt werden. Er ist später Johannes der Täufer, der Jesus im Jordan tauft und unermüdlich die Menschen zur Umkehr und zum Neuanfang bei Gott aufruft.
Unser Text für den KiBiTag ist dem Lobgebet des Zacharias entnommen. Der alte Priester hat nach der Geburt des kleinen Johannes eine Vision (Lukas 1, 67-79). Daraus wählen wir die Verse 78 und 79 als Grundlage für den KiBiTag.

Unser Gott ist voll Liebe und Erbarmen,
er schickt uns seinen Retter,
das Licht, das von oben kommt.
Dieses Licht leuchtet allen, die im Dunkeln sind,
die im finsteren Tal des Todes leben,
es wird uns führen und leiten,
dass wir den Weg des Friedens finden.

Dieser Text beflügelt und trägt Menschen bis heute. Er strahlt die Zuversicht aus, dass Gott die Menschen in allem Streit, Schuld, Versagen nicht allein lässt. Mitten in alles Dunkel hinein wird Gott sein Licht schicken und wir werden erkennen, was der Weg des Friedens ist.

Diese Hoffnung und Zusage soll es Kindern in der Vorweihnachtszeit ermöglichen, in ihrer Situation Frieden zu schaffen und aus der Kraft Gottes heraus kleine Schritte der Versöhnung zu wagen.

Ablauf des KiBiTages in Kurzform

9.00 Vorbereitung Mitarbeitende

9.50 „Check in", Willkommen für Kinder

10.00 Start mit Plenum

- Begrüßung, Witz, Handpuppe
- Lieder zum Mitmachen und Ankommen
- Eingangsliturgie und Hinführung zum Thema
- szenische Erzählung „Da geht mir ein Licht auf"
- gemeinsames Lied/Tanz als Abschluss

10.30 Einteilung in Altersgruppen/Kleingruppen

10.45 Altersgruppen

- Kennenlern- oder Eingangsspiel
- Vertiefung der Geschichte
- kleiner Imbiss/Vesper
- kreative Gestaltung/Einzel- oder Gemeinschaftsarbeit
- Spiel, Spaß, Bastelidee

12.00 Abschlussplenum

- Vorstellung von Beiträgen aus Altersgruppen
- Segensgebet
- Lieder

12.15 Schluss (kann max. bis 12.30 ausgedehnt werden)

12.30 Gemeinsames Pizzaessen, Genießen und Auswerten der Aktion mit Mitarbeitenden

Den letzten Punkt kann man natürlich auch weglassen, aber genau darin liegt besonders für jüngere Mitarbeitende der Clou. Gemeinschaft will gestaltet sein und nach der Anspannung braucht es die Entspannung und Wertschätzung! Deshalb kann das DANKE-Essen ein besonderes Zeichen der Gemeindeleitung sein.

- *Anspiel:* drei Kinder, ein Erzähler, Kerzen, weiße Betttücher für die Gestaltung der Schneehöhle, ein Brett, auf das die Kerzen gesteckt werden können, Streichholzschachtel, ein Licht (Spot/Stehlampe) zur Beleuchtung der einzelnen Szenen, ein „Fenster" (kann auch die Kanzel in der Kirche sein oder ein Stehpult, das seitlich steht)
- *Basteln:* je nach ausgewählter Bastelidee das Material siehe kreative Vorschläge (S. 101/102)
- *Imbiss:* Kekse, Lebkuchen, belegte Brötchen, Brezeln ...
- *Bibelvers:* Lukas 1, 78-79 auf Folie oder Beamer zum Lesen für alle
- *Lied:* „Seht die gute Zeit ist nah" als Tanz, (S. 100)

Ablauf Schritt für Schritt

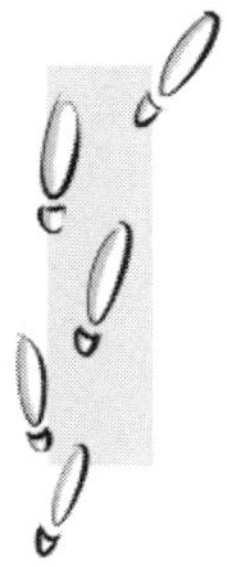

Vorbereitung Mitarbeitende

- Anspiel vorbereiten, Bühne (Schneehöhle/Fenster), Beleuchtung, Mikrophone testen
- Tisch mit Namensliste, Empfangsbereich mit Ablaufplan, evtl. Stehtische mit Kaffee/Kekse für die Eltern, Infomaterial zur Gemeindearbeit, Büchertisch?
- Vesper organisieren und in Plastikkörben für Kleingruppen vorbereiten
- Technik für Liedprojektionen/Folien/Beamer/Liederbücher
- Musik/Band, Lieder proben, seitlich aufbauen, damit „Bühne" bespielbar ist
- Deko (Sterne, Kerzen, Plakat mit dem Motto „Da geht mir ein Licht auf" auf einfarbigen Untergrund gut platzieren)
- Bastelmaterial etc. in Gruppenräumen bereits vorbereiten, Räume heizen!

Start mit allen

Begrüßung siehe „Liturgiebausteine" (S. 10)

Thema vorstellen

Moderator (M)/Handpuppe (H) bzw. weitere Mitarbeitende

Moderator begrüßt die Handpuppe, die mit einer Sonnenbrille auf der Nase auftaucht.

M: Mensch, wie siehst du denn aus?

H: Wieso, gefällt's dir nicht? Ich finde es schick!

M: Naja, das ist Geschmackssache ... Aber es ist nicht Sommer und es ist kein Fasching, also was soll das?

H: So laufen die berühmten Stars durch die Gegend.

M: Stars? Da verwechselst du was. Stars leuchten ganz hell und stehen am Himmel.

H: Du spinnst ja, die stehen doch nicht am Himmel, sondern auf der Bühne! ... Außerdem muss ein Star auffallen.

M: Sag mal, reden wir eigentlich von dem Gleichen?

H: Ich sagte Star.

M: Und ich rede auch von Star.

H: Kann uns jemand von euch helfen? Irgendwie reden wir nur Mist und aneinander vorbei. Weiß jemand, was Star bedeutet?

Ältere Kinder wissen, dass Star das englische Wort für „Stern" ist.

H: Na, Mensch, da geht mir ja ein Licht auf. Du meinst die Sterne am Himmel und ich rede von den Stars im Fernsehen und im Kino.

M: Ein Glück, dass uns die Kids hier geholfen haben. Ganz schön schwierig, wenn man aneinander vorbei redet.

H: Also gut, dann können wir ja richtig weitermachen. Ich hab nämlich ein Star-Lied mitgebracht.

M: Oh, nein! Sollen wir jetzt etwa ein Lied über dich singen?

H: Nö, mein Star ist ganz anders: Tennis, Football, Volleyball, Stars und Champions überall, doch am stärksten finde ich unsern Gott, und er liebt mich.

M: Das ist o. k. da sing ich mit, ihr auch?

Lied: Mein Gott ist spitze, *Jungscharlieder Nr. 107*

M: Du hast vorhin gesagt, dass dir ein Licht aufgegangen ist.
Was meinst du denn damit?

H: Ist doch glasklar, damit meine ich, dass ich plötzlich etwas ganz neu erkannt habe.

M: Da fällt mir eine Geschichte ein, die passt super zu dem Thema. Ich glaube, die erzähl ich euch jetzt.

Rollen: Erzähler, 3 Kinder (Katrin, Jan, Kai)

Ich kenne zwei Familien, die Krauses und die Häberles. Die wohnen in einem kleinen Dorf am Fuße der schwäbischen Alb. Katrin, die Tochter der Krauses hat eigentlich immer am liebsten mit Kai und Jan, den Söhnen der Familie Häberle, gespielt.

Nun war das aber so. Zu Nikolaus hatten die Krauses ihrer Katrin leckere Kringel und einen Schoko-Nikolaus in ihre Schuhe vor der Haustüre gelegt. Eigentlich sehr schön und die Freude hätte groß sein können. War sie aber nicht, denn die Schokolade hatte jemand anderes gegessen! Der Hund der Nachbarsfamilie Häberle war durch die Hecke gesprungen und hatte alles aufgefressen. Jetzt gab es riesigen Ärger. Katrin war enttäuscht wegen des leeren Papiers in den Schuhen, Mama Krause schimpfte auf Familie Häberle. Familie Häberle meinte, sie könnten ihren Hund ja nicht anbinden und Schokolade müsse man auch nicht vor die Türe legen …

Ein Wort gab das andere und dann gab es gar keine Worte mehr!

Die Familien grüßten nicht mehr, die Kinder spielten nicht mehr miteinander und Papa Krause meinte: „Nach Weihnachten, wenn der Schnee weggetaut ist, dann baue ich einen hohen, festen Holzzaun zum Nachbargrundstück. Das passiert mir kein zweites Mal!"

So vergingen die Adventswochen und Weihnachten kam heran. Vielleicht habt ihr auch schon mal Streit gehabt mit jemandem?

Katrin jedenfalls hatte den Schoko-Nikolaus schon längst vergessen, ihr fehlten die Freunde zum Spielen. Sie fand Streit blöd und hätte gerne wieder mit Kai und Jan gespielt. Doch die schauten sie nur bitterböse an und liefen weg, sobald Katrin auf die Straße kam.

In der Adventszeit gab es bei den Krauses viele schöne Bräuche. Da wurden Sterne aufgehängt, vor der Tür stand ein großer Tannenstrauß mit einer Lichterkette und im Flur hing der Adventskalender mit Päckchen. Und jedes Jahr in der Vorweihnachtszeit gab es dieses besondere Abendgebet, das die Mutter an Katrins Bett abends las. Ich hab es euch mitgebracht und wer lesen kann, der liest es gleich laut mit mir zusammen vor:

Lukas 1, 78-79 auf Folie kopieren und in schönen Rahmen setzen

Unser Gott ist voll Liebe und Erbarmen.
Er schickt uns den Retter,
das Licht, das von oben kommt.
Dieses Licht leuchtet allen,
die im Dunkeln sind,
die im finsteren Land des Todes leben,
er wird uns führen und leiten,
dass wir den Weg des Friedens finden.

Als die Mutter schon längst das Licht ausgemacht hatte, faltete Katrin nochmals die Hände und betete: „Ach Gott, ich hätte so gerne wieder Frieden mit Kai und Jan, aber wie? Hilf du mir, einen Weg zu finden. Ich verlass mich auf dich. Amen."

Am nächsten Nachmittag, als es schon dämmrig wurde, saß Katrin in ihrem Zimmer. Da plötzlich kam ihr eine Idee. Doch seht selbst, was geschah:

Katrin: *(sitzt vorne, murmelt vor sich hin)*
Das Licht leuchtet allen, die im Dunkeln sind, dass wir Wege des Friedens finden. Mensch, ich hab´s. Ich werde das Sternenlicht von Bethlehem zu Häberles in den Garten bringen. Vielleicht leuchtet es Kai und Jan den Weg wieder hierher zu mir. Schließlich ist doch das Licht von Bethlehem ein Friedenslicht oder?
Ich brauche viele Kerzen. Wo nehme ich nur Kerzen her? Oh ja, Mama hat ja die Kerzen für den Weihnachtsbaum in einer Tüte im Keller stehen. Die hole ich mir. *(geht und sucht Kerzen)*

Kai und Jan sitzen hinter dem Fenster und schauen gelangweilt hinaus.

Kai: Also mir ist es ganz schön langweilig. Früher, da hat die Katrin noch mit uns gespielt aber jetzt so zu zweit. Da ist doch nichts los.
Jan: Vielleicht sollten wir rausgehen und an der Schneehöhle weiterbauen?
Kai: Na gut, das können wir ja machen.

Katrin: *(ist inzwischen wieder auf die Bühne gekommen)*
Ich werde die Kerzen auf den Rand der Schneehöhle stecken bei

Kai und Jan. Dann brennen die Lichter wie ein Sternenfeuer. Also los. Hoffentlich erwischt mich vorher keiner.

Katrin zündet die vierte Kerze an und steckt sie auf den Rand der Schneehöhle, als die Haustür aufgeht und die Jungen mit Gebrüll reingerannt kommen.

Kai: He, weg von unserer Schneehöhle. Was fällt dir ein?

Jan: Ich glaub's ja nicht, will die etwa unsere Höhle heimlich kaputt machen?

Katrin: Nein, ich … ich wollte doch nur …
(vor Angst fällt ihr die Streichholzschachtel aus der Hand)

Kai: *(hält inne, sieht die brennenden Kerzen)*
Ich glaub, ich weiß, was du vorhast. So langsam geht mir ein Licht auf!

Er hebt die Schachtel auf und zündet die weiteren Kerzen an.

Jan: Schön! Das glänzt ja wie ein Weihnachtsstern!

Katrin: Ja, wie der Stern über Bethlehem. Der Stern des Friedens!

Kai: Kommt, wir wollen es zusammen singen:
Stern über Bethlehem, *Liederbuch für die Jugend, Nr. 326*
(fordert die Zuschauer auf mitzusingen)

Die drei Kinder fassen sich an den Händen und singen mit allen Kindern.

Moderator: Wie es so hell im Garten wird und das Lied durch den Winterabend klingt, da werden auch die Eltern aufmerksam. Herr Krause ruft seine Frau und auch die Häberles stehen am Fenster, um die wunderschöne Lichterburg zu bestaunen. Das Weihnachtslicht wurde zum Friedenslicht und nicht nur den Kindern ging an diesem Abend ein Licht auf.

Lied Seht, die gute Zeit ist nah, (S. 100)

1. Text lesen
2. Lied singen
3. Tanz zum Lied mit allen Kindern tanzen *(geht auch in zwei Kreisen, die sich als Innen- und Außenkreis gegenüberstehen)*

Seht die gute Zeit ist nah	*Hand wie Fernrohr halten, einmal im Kreis drehen*
Gott kommt auf die Erde	die *Hände von oben nach unten führen*
Kommt und ist für alle da	*Hände fassen, zur Mitte gehen*
Kommt dass Friede werde	*Hände gefasst lassen, zurück zur Kreisaußenseite*
Kommt dass Friede werde	*Hände gefasst lassen, am Platz rechts und links wiegen*

2. *Hirt und König, Groß und Klein, Kranke und Gesunde,*
Arme, Reiche lädt er ein, freut euch auf die Stunde,
freut euch auf die Stunde.

Text und Melodie: Friedrich Walz
aus: Die ganze Welt hat sich gefreut, hg. von Friedrich Walz.
Erlanger Verlag für Mission und Ökumene, Neuendettelsau.

Gruppeneinteilung und Altersgruppen

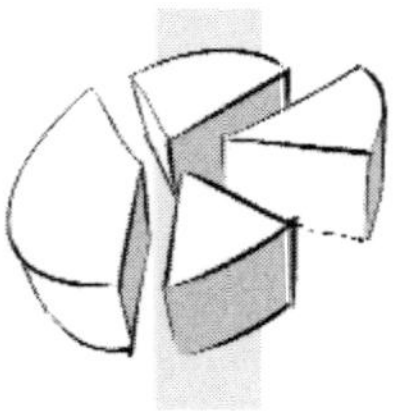

Kennenlernspiel/Eingangsspiel

Move: Es geht darum, auf bestimmte Fragen hin seinen Platz schnell zu wechseln. Wer übrig bleibt, stellt die nächste Frage.
Stuhlkreis bilden, ein Stuhl weniger als Personen, die übrige Person steht in der Mitte und stellt eine Frage z. B. Wer hat schon Plätzchen gebacken? Wer geht in die Schule? Wer war beim letzten KiBiTag auch hier? etc.
Alle Kinder, die dies betrifft, müssen schnell den Platz tauschen. Bei diesem Stuhlwechsel sucht sich der Fragesteller selbst rasch einen Platz. Wer übrig bleibt, stellt die nächste Frage. Bei jüngeren Kindern sollte die Leiterin die Fragen formulieren, um einen raschen Spielverlauf zu ermöglichen.

Gespräch/kreative Fortführung

(Bitte beachten, dass die Angebote zur Auswahl sind. Man kann nicht alles machen!)

Gespräch

Wir haben eben die Geschichte von Katrin und den Nachbarjungs erlebt. Sicher kennt ihr solche Erfahrungen.

- Wo hast du schon Streit/Frieden erlebt?
- Wie bist du dem Frieden/der Versöhnung näher gekommen?

Sternenmandala ausmalen, Rückseite mit Vers 79 (Lukas 1) gestalten.
Holzfarbstifte verwenden, so kann die Srtichstärke variiert werden.

- Das Ausmalen solcher Mittebilder zentriert und sammelt die Kinder.
- Unterstützt werden kann dieser Prozess durch ruhige Musik (z. B. Rondo Veneziano: Weihnachten, Simoen Wood: Chirstmas Melodies).

Kerzen mit Wachsplatten verzieren als Friedenskerzen
Stumpenkerzen mit Verzierwachsplättchen gibt es beim Verlag Der Jugendfreund (Postfach 100353, 70747 Leinfelden-Echterdingen, Tel. 07 11-97 87 870).

Gemeinschaftsarbeit Collage

Streit-/Kriegsbilder auf großen Fotokarton kleben, darüber Kerze aus Tonpapier kleben, in deren Mitte der Anfang von Lukas 1, 78 steht, davon ausgehend über das Bild Lichtstrahlen (Tonpapier) mit restlichen Bibelversen aus Lukas 1, 78 und 79 kleben.

Interaktives Malen

Den Weg zum Frieden finden

- geeignet für alle Altersgruppen
- Ziel dieser Arbeitsform: emotionale Betroffenheit zu einem Thema, persönlich in Farben und Formen umsetzen, Gemeinschaftserlebnis in der Gruppe.
- Atmosphäre der Geborgenheit und Ruhe für die Gruppe schaffen, damit das Gestalten gelingen kann und schöpferisch wird.
- Wichtig ist es, die Stille auszuhalten ohne einen Krampf daraus zu machen. Lachen, mal ein Wort oder eine Geste sind erlaubt – keine sturen Regeln durchziehen! Aber eine schöne, besondere Arbeit gelingt erst, wenn sich jeder auf sein Malen konzentriert. Erstaunlich, wie viel Kontakt auch ohne Reden immer wieder möglich ist.
- Ich erlebe es als hilfreich, wenn die Gruppenleiterin selbst mitmalt.

Vorbereitung: Tische mit jeweils einer runden Vorlage (zwei DIN A2 Kartons stabil aneinander kleben und in drei ineinander liegende Kreise unterteilen, die Rückseite mit Klebeband aneinander kleben, sowie kreisrund ausschneiden.) Dann in so viele „Tortenstücke" unterteilen, wie Kinder mitmalen wollen. Die Unterteilung betrifft nur die äußeren zwei Kreise. In der Mitte bleibt der Kreis ohne Teilung. Man muss bequem Platz zum Zeichnen haben. Also max. Anzahl ca. 9 Kinder pro Rosette. Wachsfarbstifte oder -blöcke für die Kinder, ruhige Musik (z. B. H. J. Hufeisen, Flötenmusik zu Weihnachten bzw. meditative Musik von Simeon Wood, Brunnen Verlag)

Hinführung für die Kinder:

- Wir wollen mit Farben gestalten, wie Katrin den Weg zum Frieden gefunden hat und wie ihr ein „Friedenslicht" aufgegangen ist.
- Im äußersten Kreis von unserer Rosette darf jeder für sich dazu etwas gestalten. Der Platz gehört ganz allein dir. Du darfst

mit Farben und Mustern deine Freude auf Weihnachten malen oder auch ausdrücken, wenn es dir gerade nicht so gut geht. Hör auf die Musik, sei ganz bei dir. Schau die bereitliegenden Farben an und fang einfach an zu malen. Es ist allein dein Bild.

- Im nächsten Kreis wollen wir mit unseren Nachbarn hier am Tisch in Kontakt kommen. Schaut mal, ob sie auch die gleichen Farben verwenden. Traut euch, behutsam mit euren Stiften die Grenzen zu überwinden. Ihr sollt niemanden stören oder ärgern, sondern mit den Farben aufeinander zumalen. Versucht es ohne Worte, nur mit den Stiften. Das ist so, wie Katrins Kerzen auf der Schneeburg bei Kai und Jan.
- Im Innenkreis gibt es keine Grenzen mehr. Die Mitte gehört euch nun allen zusammen. Versucht ohne zu sprechen aufeinander zu und miteinander zu malen. So ist das mit dem Frieden. Schaffen wir es, ein gemeinsames Bild zu malen, was das aufeinander zugehen deutlich macht?

Geschafft! Wir atmen tief durch. Stehen vielleicht auf und laufen um die Rosette herum. Wir genießen das tolle Bild, das hier entstanden ist.
Eine schöne Gesprächsrunde ist angebracht und greift entstandene Gefühle auf.

- Wie ging es dir bei den unterschiedlichen Mal-Runden?
- Hast du vielleicht eigene Erfahrungen und Erlebnisse bedacht?
- Was fiel dir leicht, wo hattest du Mühe?
- Beschreibe dein Empfinden, als deine Nachbarin zu dir hinein gemalt hat?
- Kannst du aus dem Malen einen Satz zum Frieden formulieren? Ist dir irgendwo ein Licht aufgegangen?

Gemeinsames Essen

Wurde der Vorschlag mit dem interaktiven Malen aufgegriffen, so eignet sich die dabei entstandene Rosette als „Decke" für das gemeinsame Essen. Die Kekse oder der Brezelkorb können auf das Mittelfeld gestellt werden und uns daran erinnern, beim Essen darauf zu achten, dass jedes Kind genug bekommt.

Spielspaß

- **Keks um die Wette essen**, dabei Licht des gegenüber sitzenden Gegners ausblasen. Ist die eigene Kerze aus, muss sie wieder angezündet werden, bevor der Keks weitergegessen wird. Gewonnen hat, wer zuerst den Keks aufgegessen hat und dabei eine brennende Kerze hat.

- **Fangspiel mit Licht ausblasen** (Vorsicht! Wachsflecken!) Jeder Mitspielende bekommt eine Kerze. Er muss sein Licht schützen. Wem das Licht ausgeblasen wurde, der scheidet aus.
- **Staffelspiele oder Hindernisparcours** mit Kerze in der Hand überwinden.

Abschlussplenum

Rosetten, Collage, verzierte Kerze, Sternenmandala zeigen.

Schön, dass ihr heute hier beim KiBiTag wart. Wir wünschen und hoffen, dass Gott jedem von uns einen Weg zum Frieden zeigt. Der Gott des Friedens, der Liebe und der Geduld gehe mit euch. Zum Schluss singen wir noch unser Segenslied.

Abschlusslied mit Segen

Vom Anfang bis zum Ende, *Du bist Herr für Kids, Nr. 194*

Einladung zu Gruppenangeboten bzw. zum nächsten KiBiTag.

Literatur

Das Ah und Oh der Kibiwo,
Über die Zubereitung von Kinderbibeltagen und Kinderbibelwochen, Stuttgart 1999.

Aziz, Debora: **Äktschen-Samstag 2**,
12 frische Vorschläge, Neukirchen-Vluyn 2003.

Erzählen mit allen Sinnen,
Ein Kreativbuch mit über 50 Methoden und biblischen Erzählbeispielen,
Verlag Junge Gemeinde/buch & musik, Leinfelden-Echterdingen 2004.

Geilen, Hedwig: **Kreativ mit allen Sinnen**,
ganzheitliche Methoden für die Gruppenarbeit mit Kindern und Erwachsenen,
München 2004.

Hilkert, Manfred: **Kindergottesdienst Promiseland – ein Modell für Deutschland?**
Gütersloh 2005.

Hofmann, Beate: **Teenykirche**,
Packende Gottesdienste für 10- bis 13-Jährige,
buch & musik/Verlag Junge Gemeinde, Stuttgart 2004.

Jahnke, Michael: **Kinderarbeit kreaktiv**,
Neukirchen-Vluyn 1999.

Jungscharleiter,
Impulse für die Arbeit mit Kindern, Zeitschrift, Stuttgart.

Klink, Debora; Jahnke, Michael: **Äktschen-Samstag**,
Ideen für die Praxis, Neukirchen-Vluyn 2000.

Maurer, Antje: **Hör mal Gott**,
Mit Glück und Angst zu Gott kommen, Göttingen 2003.

Rapsch, Ute; Rapsch, Matthias: **12 coole Kinderfeste**,
Feiern mit Spaß, Spannung und der Bibel, Haan 2003.

Religion spielen und erzählen,
Kinder begleiten in Schule und Gemeinde, 4 Bände, Gütersloh.

Spielebücher

Binz, Christina; Brülhart, Jean R.; Raetzo-Brülhart, Corinne: **Ciao**,
spielend kennen lernen, Luzern 2004.

Kaderli, Manfred; Bertschy, Franziska: **Subito**,
Spontane Gruppenspiele mit kleinem Material, Luzern 2005.

Kalmbach, Sybille: **Bibel kreativ**,
Kinder erleben spielend biblische Geschichten, Haan 2001.

Osberghaus, Johannes: **Praxisbuch Spiele zur Bibel**,
Holzgerlingen 2003.

Völkening, Marin: **Rundum**,
Kurzspiele im Kreis, Luzern 2004.

Bastelbücher/Kreativer Umgang mit der Bibel

Graves, Sue: **Die Bibel**,
Eine Entdeckungsreise, Freiburg 2004.

Messerschmitt, Brigitte; Witt, Dieter: **Wie ein Netz voller Fische**,
Ein Bunter Kreativmarkt mit Vorschlägen zum Basteln, Gestalten und Erzählen,
Leinfelden-Echterdingen 2003.

Murray, Mary: **Bibel Geschichten von A bis Z**,
Arbeitsblätter und Aktivitäten für Kinder, Mühlheim an der Ruhr, 2002.

Price, Sue: **Jungschar kreativ**,
100 Bastelideen zu biblischen Geschichten, Kassel 2003.

Rock, Lois: **Bibel Bastelbuch**,
die Zeit Jesu wird lebendig im Basteln, Kochen, Kleben, Nähen und Spielen,
Stuttgart 2001.

Liederbücher

Du bist Herr für Kids 1 und 2,
Asslar.

Jungscharlieder, Waldbröl 2003.

Das Kindergesangbuch, München 2001.

Komm mit, schlag ein, Kinderlieder für daheim und unterwegs, Backnang 2003.
CD und Liederheft bei: KIRCHE UNTERWEGS, Friedhofstraße 52, 71522 Backnang,
Tel. 07191-61983, Fax 07191-71437, E-mail: bestellung@kircheunterwegs.de

Liederbuch für die Jugend, geistliche Lieder für Schule und Kindergottesdienst,
Gütersloh 2001.

Menschenskinderlieder I und II,
Frankfurt.

Hofmann, Beate
Jahrgang 1964, Diakonin und Religionspädagogin, seit 2003 tätig als Landesreferentin im Evangelischen Jugendwerk in Württemberg, Schwerpunkte: Kinderbibelwochen, Jungschar, Redaktionsleitung der Zeitschrift „Jungscharleiter".

Hofmann, Olaf
Jahrgang 1963, Diakon, Jugendreferent, Spiel- und Theaterpädagoge, Zusatzausbildung Erlebnispädagogik, verantwortlich für Jungschararbeit, Kinderbibeltage und Ferienwaldheim (Stadtranderholung) in Stuttgart Sillenbuch.

Konieczny, Martina
Jahrgang 1965, Ausbildung zur Gemeindediakonin auf der Karlshöhe Ludwigsburg, seit 1990 als Gemeindediakonin in Korb mit den Schwerpunkten Kinder und Jugend, Frauen und Senioren.

Schaaf, Rose
Jahrgang 1961, Ausbildung zur Diakonin auf der Karlshöhe Ludwigsburg, seit 1986 als Religionspädagogin in verschiedenen Schulen tätig, ehrenamtliche Mitarbeit beim Verband für Kindergottesdienst in verschiedenen Gremien und bei der Kursarbeit.

Schieck, Stephan
Jahrgang 1971, Studium der Evangelischen Theologie und Pädagogik in Tübingen, seit 2003 Vikar in Michelbach/Bilz. Langjähriger Mitarbeiter in der evangelischen Jugendarbeit, vor allem im Bereich Jungschar und Freizeiten, 1995 bis 2004 Mitglied im Redaktionskreis der Zeitschrift „Jungscharleiter".

Schmid, Martin
Jahrgang 1961, Diakon, Ausbildung am Johanneum in Wuppertal, Gemeindediakon in Reutlingen, Schwerpunkte Entwicklung von familienfreundlichen Gemeinden und Mitarbeitergewinnung und -entwicklung.